IMPROBIDADE ADMINISTRATIVA
NOVAS DISPOSIÇÕES, NOVOS DESAFIOS

MÁRCIO CAMMAROSANO
ANTONIO ARALDO FERRAZ DAL POZZO

Augusto Neves Dal Pozzo
Apresentação

IMPROBIDADE ADMINISTRATIVA
NOVAS DISPOSIÇÕES, NOVOS DESAFIOS

Belo Horizonte
FÓRUM
CONHECIMENTO JURÍDICO
2023

© 2023 Editora Fórum Ltda.

É proibida a reprodução total ou parcial desta obra, por qualquer meio eletrônico, inclusive por processos xerográficos, sem autorização expressa do Editor.

Conselho Editorial

Adilson Abreu Dallari
Alécia Paolucci Nogueira Bicalho
Alexandre Coutinho Pagliarini
André Ramos Tavares
Carlos Ayres Britto
Carlos Mário da Silva Velloso
Cármen Lúcia Antunes Rocha
Cesar Augusto Guimarães Pereira
Clovis Beznos
Cristiana Fortini
Dinorá Adelaide Musetti Grotti
Diogo de Figueiredo Moreira Neto (*in memoriam*)
Egon Bockmann Moreira
Emerson Gabardo
Fabrício Motta
Fernando Rossi
Flávio Henrique Unes Pereira
Floriano de Azevedo Marques Neto
Gustavo Justino de Oliveira
Inês Virgínia Prado Soares
Jorge Ulisses Jacoby Fernandes
Juarez Freitas
Luciano Ferraz
Lúcio Delfino
Marcia Carla Pereira Ribeiro
Márcio Cammarosano
Marcos Ehrhardt Jr.
Maria Sylvia Zanella Di Pietro
Ney José de Freitas
Oswaldo Othon de Pontes Saraiva Filho
Paulo Modesto
Romeu Felipe Bacellar Filho
Sérgio Guerra
Walber de Moura Agra

FÓRUM
CONHECIMENTO JURÍDICO

Luís Cláudio Rodrigues Ferreira
Presidente e Editor

Coordenação editorial: Leonardo Eustáquio Siqueira Araújo
Aline Sobreira de Oliveira

Rua Paulo Ribeiro Bastos, 211 – Jardim Atlântico – CEP 31710-430
Belo Horizonte – Minas Gerais – Tel.: (31) 99412.0131
www.editoraforum.com.br – editoraforum@editoraforum.com.br

Técnica. Empenho. Zelo. Esses foram alguns dos cuidados aplicados na edição desta obra. No entanto, podem ocorrer erros de impressão, digitação ou mesmo restar alguma dúvida conceitual. Caso se constate algo assim, solicitamos a gentileza de nos comunicar através do *e-mail* editorial@editoraforum.com.br para que possamos esclarecer, no que couber. A sua contribuição é muito importante para mantermos a excelência editorial. A Editora Fórum agradece a sua contribuição.

Dados Internacionais de Catalogação na Publicação (CIP) de acordo com ISBD

C184i	Cammarosano, Márcio
	Improbidade administrativa: novas disposições, novos desafios / Márcio Cammarosano, Antonio Araldo Ferraz Dal Pozzo. Belo Horizonte: Fórum, 2023.
	205p.; 14,5cm x 21,5cm.
	ISBN: 978-65-5518-569-0
	1. Direito administrativo. 2. Direito público. 3. Direito administrativo sancionador. 4. Improbidade administrativa. 5. Princípio da moralidade. I. Dal Pozzo, Antonio Araldo Ferraz. II. Título.
	CDD 342
	CDU 342.9

Ficha catalográfica elaborada por Lissandra Ruas Lima – CRB/6 – 2851

Informação bibliográfica deste livro, conforme a NBR 6023:2018 da Associação Brasileira de Normas Técnicas (ABNT):

CAMMAROSANO, Márcio; DAL POZZO, Antonio Araldo Ferraz. *Improbidade administrativa*: novas disposições, novos desafios. Belo Horizonte: Fórum, 2023. 205p. ISBN 978-65-5518-569-0.

SUMÁRIO

APRESENTAÇÃO
Augusto Neves Dal Pozzo 13

PARTE I
ASPECTOS SUBSTANCIAIS DA LEI DE IMPROBIDADE ADMINISTRATIVA REFORMADA

MÁRCIO CAMMAROSANO

INTRODUÇÃO 19

CAPÍTULO 1
DA RESPONSABILIDADE JURÍDICA 25

CAPÍTULO 2
LEGALIDADE, MORALIDADE E PROBIDADE 31

CAPÍTULO 3
A RELEVÂNCIA JURÍDICA DA VONTADE NA TIPIFICAÇÃO DE IMPROBIDADE; O CONCEITO DE DOLO; DISTINÇÕES 35
3.1 A vontade como pressuposto da responsabilidade 35
3.2 Da responsabilidade objetiva e subjetiva; dolo e culpa 37
3.2.1 A cegueira deliberada 41
3.3 Da relevância da boa-fé e da má-fé 43

CAPÍTULO 4
PRIMEIRA SÍNTESE CONCLUSIVA..45

CAPÍTULO 5
PRINCÍPIOS CONSTITUCIONAIS DO DIREITO
ADMINISTRATIVO SANCIONADOR...47
5.1   Princípios jurídicos como normas impostergáveis.......................47
5.2   Princípios constitucionais do Direito Administrativo
        Sancionador..50
5.2.1   Direito Administrativo Sancionador; imperativos de Segurança
        Jurídica (Constituição da República e Lei de introdução
        às normas do Direito brasileiro)..50
5.2.2   Princípios da legalidade e anterioridade...................................54
5.2.3   Princípio da tipicidade...54
5.2.4   Princípio da voluntariedade e da culpabilidade; a dignidade
        humana...57
5.2.5   Princípio do devido processo legal..62
5.2.6   Princípio da isonomia..64
5.2.7   Princípio da retroação benéfica...65

CAPÍTULO 6
DA VINCULAÇÃO DO ILÍCITO AO EXERCÍCIO DE FUNÇÃO
PÚBLICA PARA TIPIFICAÇÃO DE IMPROBIDADE...................................71

CAPÍTULO 7
A EXIGÊNCIA DE LESIVIDADE RELEVANTE A BENS JURÍDICOS
TUTELADOS PELA LEI DE IMPROBIDADE ADMINISTRATIVA...73

CAPÍTULO 8
OS ARTS. 9º, 10 E 11 DA LEI Nº 8.429/92..75
8.1   Considerações gerais...75
8.2   Improbidade que importa enriquecimento ilícito (art. 9º)...........75
8.3   Improbidade que causa prejuízo ao Erário (art. 10)...................76
8.4   Improbidade que atenta contra os princípios da Administração
        Pública (art. 11)...79

CONCLUSÕES..83

REFERÊNCIAS..85

PARTE II
ASPECTOS PROCESSUAIS DA LEI DE IMPROBIDADE ADMINISTRATIVA REFORMADA

ANTONIO ARALDO FERRAZ DAL POZZO

CAPÍTULO 1
DO PROCEDIMENTO COMUM EM AÇÃO POR IMPROBIDADE..89

1.1	Rito procedimental em ações por ato de improbidade administrativa	89
1.1.1	Introdução	89
1.1.2	Rito – procedimento – processo	89
1.1.3	Aplicação do procedimento comum	91
1.2	Estrutura do processo de conhecimento e do cumprimento de sentença no Código de Processo Civil	92
1.3	A fase de cognição do procedimento comum e suas subfases	93
1.4	A fase postulatória do procedimento comum e suas subfases	94

CAPÍTULO 2
QUESTÕES PROCESSUAIS RELEVANTES..........95

2.1	Ações necessárias e não necessárias	95
2.2	Natureza jurídica da ação por ato de improbidade administrativa	96
2.3	Transformação da ação por ato de improbidade administrativa em ação civil pública	98

CAPÍTULO 3
REQUISITOS E AJUIZAMENTO DA PETIÇÃO INICIAL...........101

3.1	Requisitos da inicial	101
3.1.1	Generalidades	101
3.1.2	Requisitos da petição inicial	103
3.1.3	Juízo a que é dirigida (Código de Processo Civil, art. 319, I)	103
3.1.4	Qualificação das partes (art. 319, II)	106
3.1.5	Indicação do fato e dos fundamentos jurídicos do pedido (Código de Processo Civil, art. 319, III)	107
3.1.5.1	Introdução	107
3.1.5.2	Causa de pedir próxima	107
3.1.5.3	Causa de pedir remota	108
3.1.5.3.1	Introdução	108

3.1.5.3.2 Causa de pedir remota e o tipo doloso de ato de improbidade administrativa 109
3.1.5.3.3 Tipo e dolo na Lei de Improbidade Administrativa 110
3.1.5.3.3.1 Conduta 111
3.1.5.3.3.2 Resultado 112
3.1.5.3.3.3 Relação de causalidade 113
3.1.5.3.3.4 Tipicidade 113
3.1.5.3.4 Os tipos de ato de improbidade administrativa na Lei de Improbidade Administrativa 114
3.1.5.3.5 Revisão da matéria e conclusões quanto à causa de pedir remota 115
3.1.6 O pedido com suas especificações – ausência de solidariedade passiva (Código de Processo Civil, art. 319, IV) 116
3.1.6.1 Generalidades 116
3.1.6.2 Pedido mediato 117
3.1.7 Estabilização do processo – causa de pedir e pedido 120
3.1.8 O valor da causa (Código de Processo Civil, art. 319, IV) 121
3.1.9 As provas com que o autor pretende demonstrar a verdade dos fatos alegados (Código de Processo Civil, art. 319, VI) 123
3.1.10 Opção do autor pela realização ou não de audiência de conciliação (Código de Processo Civil, art. 319, VII) 124
3.1.11 Questões correlatas 125
3.1.11.1 Parte final do inciso I do §6º do art. 17 125
3.1.11.2 Casos de exclusão de tipicidade 126
3.1.11.2.1 Ausência de dolo – art. 1º, §3º 126
3.1.11.2.2 Falhas formais irrelevantes, sem dolo e sem prejuízo ao erário – art. 10, §1º 127
3.1.11.2.3 Adoção de entendimento de jurisprudência minoritária – art. 1º, §8º 128
3.1.11.2.4 Responsabilidade por atividade econômica – art. 10, §2º 129
3.2 Ajuizamento da inicial 130
3.2.1 Distribuição da inicial 132

CAPÍTULO 4
MEDIDA CAUTELAR DE INDISPONIBILIDADE DE BENS NA PETIÇÃO INICIAL 135
4.1 Importância da matéria; momentos em que pode ser requerida a cautelar de indisponibilidade de bens; legitimação ativa do Ministério Público 135
4.2 Interesse de agir para a cautelar de indisponibilidade de bens em casos de ato de improbidade administrativa 137
4.3 Objeto da cautelar de indisponibilidade de bens por prática de ato de improbidade administrativa – limites e abrangência ... 139

4.3.1	Valor dos bens a serem indisponibilizados: exclusão do valor da multa e inclusão dos valores correspondentes ao enriquecimento ilícito	139
4.3.2	Ordem dos bens a serem indisponibilizados	140
4.3.3	Indisponibilidade e litisconsórcio passivo	141
4.3.4	Indisponibilidade de bens de terceiro	142
4.4	Desconsideração da personalidade jurídica	143
4.4.1	Generalidades	143
4.4.2	Previsão de desconsideração da personalidade da pessoa jurídica na LIA – exegese da segunda parte do §7º do art. 16	144
4.4.3	A pessoa jurídica como coautora de ato de improbidade administrativa	145
4.4.4	Sanções aplicáveis à pessoa jurídica quando for *coautora* de ato de improbidade administrativa e quando dele *apenas se beneficiar*	145
4.5	A decisão judicial sobre a indisponibilidade de bens	146
4.5.1	Casos de indeferimento da medida cautelar segundo a Lei de Improbidade Administrativa	146
4.5.2	Algumas normas procedimentais na Lei de Improbidade Administrativa	147
4.5.3	Da responsabilização da pessoa jurídica na Lei de Improbidade Administrativa	148
4.5.4	Recorribilidade da decisão sobre a indisponibilidade de bens	149

CAPÍTULO 5
DECISÕES JUDICIAIS NA FASE POSTULATÓRIA 151

5.1	Exame preliminar da petição inicial – determinação de emenda e seu indeferimento	151
5.1.1	Introdução	151
5.1.2	Indeferimento liminar da inicial – art. 330 do Código de Processo Civil	151
5.1.3	Inépcia da petição inicial (Código de Processo Civil, art. 330, I)	152
5.1.3.1	Inépcia por falta de pedido e por formulação de pedido indeterminado, ressalvadas as hipóteses legais em que se permite o pedido genérico e por falta de causa de pedir (art. 330, §1º, I e II)	153
5.1.3.2	Inépcia pela incongruência entre os fatos deduzidos e o pedido formulado (art. 330, §1º, III)	153
5.1.3.3	Incompatibilidade de pedidos (art. 330, §1º, IV)	153
5.1.4	Indeferimento da inicial por manifesta ilegitimidade de parte (art. 330, II) e por carecer o autor de interesse processual (art. 330, III)	155
5.1.4.1	Indeferimento por ilegitimidade de parte	155
5.1.4.1.1	Legitimação ativa	155
5.1.4.1.2	Legitimação passiva	157

5.1.4.1.3	Sujeito ativo do ato de improbidade – sujeito passivo do ato de improbidade e sujeito ativo da ação – sujeito passivo da ação	158
5.1.4.1.4	Sujeito passivo da ação por improbidade por força de norma de extensão dos efeitos da LIA – o particular	158
5.1.4.1.5	Falecimento do réu e caso de mudanças contratuais que alterem a personalidade da pessoa jurídica	159
5.1.4.1.6	Considerações finais	160
5.1.4.2	Indeferimento por falta de interesse de agir	161
5.1.5	Emenda da inicial e seu indeferimento em caso de desatendimento ao disposto nos arts. 106 e 321 (art. 330, IV)	162
5.1.5.1	Advocacia em causa própria (art. 106)	162
5.1.5.2	Ausência de requisitos essenciais na inicial, constantes dos arts. 319 e 320 do Código de Processo Civil (art. 321)	162
5.1.6	Recurso contra o indeferimento da inicial	163
5.1.7	Indeferimento parcial da inicial	165
5.2	Decisão preliminar de improcedência total ou parcial da inicial	165
5.2.1	Das causas de improcedência liminar no Código de Processo Civil (art. 332)	165
5.3	Deferimento da inicial	167
5.3.1	Deferimento da inicial e citação do réu	167
5.3.2	Decisão sobre pedido de indisponibilização de bens	168

CAPÍTULO 6
DA RESPOSTA DO RÉU – CONTESTAÇÃO E RECONVENÇÃO...169

6.1	A contestação do réu	169
6.1.1	Da contestação do réu	169
6.1.2	Prazo para contestar	169
6.1.2.1	Prazo geral	169
6.1.2.2	Prazo especial – litisconsórcio passivo	170
6.1.3	Início da contagem do prazo (*dies a quo*)	170
6.1.4	Das ações por ato de improbidade administrativa e das defesas do réu em contestação – visão geral	172
6.1.5	Questões que antecedem a discussão do mérito da causa: questões prejudiciais	173
6.1.6	Questões que antecedem a discussão do mérito da causa: questões preliminares	175
6.1.7	Questões preliminares – matérias alegáveis	175
6.1.8	Questões preliminares referentes ao juiz (pressupostos processuais referentes ao juiz): competência	177
6.1.8.1	Generalidades	177
6.1.8.2	Competência absoluta (de juízo) e relativa (de foro) para as ações por improbidade administrativa	178
6.1.8.3	Alegação de incompetência; procedimento; recurso	178

6.1.8.4	Conflito de competência	180
6.1.9	Questões preliminares referentes ao juiz: alteração da competência; conexão; aplicação em ações por improbidade	180
6.1.10	Questões preliminares referentes a pressupostos processuais do juiz que não constam dos incisos do art. 337	181
6.1.10.1	Imparcialidade; extensão ao Ministério Público	181
6.1.10.2	Investidura	182
6.1.11	Questões preliminares referentes à capacidade das partes (Código de Processo Civil, art. 337, XI)	182
6.1.11.1	Capacidade das partes	182
6.1.11.2	Da representação e da assistência da pessoa natural	183
6.1.11.3	Da representação da pessoa jurídica	183
6.1.11.4	Questões preliminares referentes à capacidade postulatória	184
6.1.12	Questões preliminares quanto à regularidade formal de ato processual: a citação (Código de Processo Civil, art. 337, I)	185
6.1.13	Questões preliminares quanto à regularidade de ato processual: valor da causa (Código de Processo Civil, art. 337, III)	186
6.1.14	Questões preliminares referentes às condições da ação: legitimação para agir (Código de Processo Civil, art. 337, XI) – procedimento	187
6.1.15	Questões preliminares referentes às condições da ação: interesse de agir (Código de Processo Civil, art. 337, XI)	189
6.1.15.1	Generalidades	189
6.1.15.2	Perempção, litispendência, coisa julgada e continência – institutos que revelam a falta de interesse de agir (respectivamente, art. 337, IV, V e VI, salvo a continência, não prevista no art. 337)	190
6.1.15.2.1	Litispendência e coisa julgada	191
6.1.16	Questões relativas ao pedido e à causa de pedir – inépcia da inicial (art. 337, IV)	193
6.1.17	Matérias que o juiz pode conhecer de ofício, mesmo não alegadas em contestação	193
6.1.18	Contestação e questões de mérito	194
6.1.18.1	O mérito da causa – defesa direta e indireta de mérito	194
6.1.18.2	As defesas do réu e o ônus da prova	195
6.1.18.3	O direito de defesa e o princípio da eventualidade	196
6.1.18.4	Falta de impugnação especificada dos fatos narrados da inicial; presunção de verdade; inaplicabilidade às ações de improbidade	197
6.1.18.5	Questões preliminares e a sentença terminativa – recurso em caso de não acolhimento	198
6.2	Da reconvenção	198
6.2.1	Da reconvenção em ação por improbidade administrativa	198
6.2.2	Condições específicas da ação reconvencional	199
6.2.3	Procedimento da ação de reconvenção – visão geral	200

CAPÍTULO 7
ENCERRAMENTO DA FASE POSTULATÓRIA..................................203
7.1   Réplica do Ministério Público...203
7.2   Recapitulando as fases do procedimento comum........................204

REFERÊNCIAS..205

APRESENTAÇÃO

A obra que tenho a honra de apresentar à comunidade jurídica representa o real estado de arte na interpretação das normas que disciplinam o instituto da improbidade administrativa no Direito brasileiro. É fruto de estudos e reflexões robustas de dois dos maiores juristas brasileiros especializados na matéria, que tratam da temática desde a promulgação da lei em seu estado original até a recente reforma, seja no campo acadêmico, seja na atuação profissional, com enorme acuidade e precisão técnica.

Em uma sinergia de ideias e de invulgar aprofundamento teórico, ambos os professores abordam a temática de maneira absolutamente sofisticada, dignos de um pensamento maduro e apto à absorção virtuosa de todos que se dedicam à temática. O Professor Márcio Cammarosano cuida dos aspectos materiais da improbidade, enfrentando de maneira corajosa e direta os principais dilemas que desafiam os aplicadores do Direito na seara do Direito Administrativo Sancionador. O Professor Araldo Dal Pozzo, por sua vez, encara de frente as intricadas questões processuais que disciplinam a ação de improbidade, em sua fase postulatória, oferecendo ao leitor um aprofundamento necessário entre os temas clássicos do Direito Processual Civil e aqueles específicos que envolvem a teoria processual no âmbito das ações de improbidade.

Com essa visão holística, os alumiados juristas analisam um verdadeiro microssistema normativo da improbidade, que enriquece e aprofunda a exegese das normas que disciplinam essa importante categoria de responsabilização administrativa.

A reforma da lei de improbidade ensejou um interessantíssimo processo no Direito brasileiro, qual seja, o de se provocar uma densa revisão dos principais aspectos que ela contempla, uma vez que nos encontrávamos em meio a uma crise de estudos científicos que pudessem oferecer a melhor interpretação do Direito nos inúmeros casos em tramitação junto ao Judiciário brasileiro.

Com a reforma da lei, forçou-se a interpelação de novas abordagens acerca da matéria, visto que muitas situações inadequadas acabaram ocorrendo à luz do sistema anterior. Trata-se, pois, de um momento extremamente oportuno para se reavaliar as posições doutrinárias e jurisprudenciais consolidadas, no intuito de aperfeiçoar o Direito aplicado até então, em um verdadeiro despertar de novas posições a serem concretizadas.

É claro que muitos têm uma visão crítica e negativa acerca das mudanças encontradas no novo texto, mas a maior parte da doutrina já era uníssona no sentido de proclamar a necessidade de uma revisão da lei, que precisava de maior amadurecimento teórico para que pudesse atender aos anseios da coletividade, em relação à efetiva aplicação das graves sanções que devem ser impostas aos agente políticos e aos agente públicos por atos ímprobos, os quais, infelizmente, têm marcado a sociedade brasileira de maneira nociva e indelével.

O sistema democrático impõe a responsabilização daqueles que maltratam o dinheiro público e obtêm vantagens indevidas, sendo a tutela do erário e da probidade administrativa absolutamente imperiosa, mediante um mecanismo rigoroso de proteção da *res publica*, sobretudo diante de uma sociedade economicamente frágil e que precisa do dinheiro público como tábua de salvação para o incremento de valores sociais fundamentais para sua vida, de modo que possa confiar plenamente na Administração Pública.

Além disso, uma visão esclarecedora e altiva permite uma aplicação razoável e proporcional das graves sanções impostas pela lei, de modo a conciliá-la com outros sistemas de responsabilização de forma a evitar algo nocivo, que é a violação ao princípio do *non bis in idem*. O sistema punitivo tem por finalidade inibir condutas que sejam desajustadas aos valores democráticos; não se trata de castigar arbitrariamente os agentes envolvidos, pois essa percepção é fundamental e deve ser objeto de investigação aprofundada no momento de se promover qualquer condenação por improbidade.

Abusos devem ser repudiados, bem como a complacência e a leniência, por isso a necessidade de uma interpretação equilibrada e em absoluta equidade com os atos praticados – nem mais, nem menos. Erros nessa apreciação não podem ser tolerados, é preciso firmeza e, também, convicção efetiva da ocorrência dolosa dos fatos antijurídicos para que o sistema possa exatamente oferecer aquilo que cada cidadão brasileiro almeja: justiça na aplicação do Direito.

A obra vem a lume de maneira a proporcionar, a toda a comunidade jurídica, em momento importantíssimo de reflexão, uma revisão de dogmas na seara da improbidade. Ela consagra essa diretiva, inspirada nos reais valores democráticos e republicanos, calibrando de maneira adequada os anseios punitivos do Estado e o direito de defesa dos acusados, em um devido processo legal garantista e eficaz.

É uma incomensurável honra promover a apresentação deste grande projeto editorial, que certamente será um arrebatador sucesso, não apenas pela inexcedível qualidade dos autores, mas pela lucidez de suas lições, verdadeiras inspirações para quem é apaixonado pelo tema e que deseja implementar uma vida coletiva objetivando a paz social.

Augusto Neves Dal Pozzo
Professor de Direito Administrativo e Fundamentos de Direito Público da Pontifícia Universidade Católica de São Paulo (PUC-SP). Mestre e Doutor pela (PUC-SP). Presidente do Instituto Brasileiro de Estudos Jurídicos da Infraestrutura (IBEJI). Advogado e sócio fundador da Dal Pozzo Advogados.

PARTE I

ASPECTOS SUBSTANCIAIS DA LEI DE IMPROBIDADE ADMINISTRATIVA REFORMADA

MÁRCIO CAMMAROSANO

INTRODUÇÃO

Entre inúmeras afirmações corriqueiras que sempre nos intrigaram, não obstante largamente utilizadas como expressões de sabidas verdades, uma delas é a seguinte: a teoria na prática é outra.

Empregando aqui a palavra "teoria" no sentido de produto de um labor cognoscitivo organizado, racional, de dado objeto de estudo, a assertiva de que "a teoria na prática é outra" comporta a seguinte reflexão: se o que se proclama conhecido e se considera, portanto, verdadeiro e certo não coincide com a realidade, a rigor verdadeiro não é, mas falso.

No campo da ciência do Direito, cujo objeto de estudo é dada ordem normativa do comportamento humano dotada de coercibilidade institucionalizada,[1] o teórico do Direito, o doutrinador, há de descrever a referida ordem normativa tal como se apresenta.

Nesse mister, pode fazê-lo com argumentos dotados de maior ou menor sustentabilidade racional e até cometer erros. Todavia, o que se espera é que as proposições jurídicas, formuladas pelo cientista do Direito, sejam verdadeiras, e não falsas; acertadas, e não errôneas. Que sejam, quando menos, dotadas de elevado grau de sustentabilidade argumentativa.

---

[1] O conceito de Direito, como objeto de estudo da ciência que dele se ocupa, é passível de controvérsia, mesmo porque é tema, em rigor, da Filosofia do Direito, campo próprio de especulações do mais elevado nível de abstração. Como exigência metodológica, referimo-nos ao Direito como ordem normativa do comportamento humano, dotada de coercibilidade institucionalizada, posta por decisão do legislador competente e por fontes por ele autorizadas ou delegadas.

Segue-se que os operadores do Direito, posto como tal, hão de lhe dar aplicação de forma correta. E os destinatários das normas jurídicas devem ser respeitosos ao que, por força delas, *deva ser* em termos comportamentais.

Destarte, se a teoria na prática for outra, das duas, uma: ou a teoria está errada, ou o que se faz, na prática, não corresponde ao que se deveria fazer consoante as lições da teoria.

De nossa parte, estudiosos que somos do Direito posto, cumpre-nos conhecê-lo de forma metodologicamente organizada, esmiuçando e explicitando suas propriedades deônticas para sua melhor compreensão, adequada observância e aplicação aos casos concretos.

Para tanto, convém esforçarmo-nos considerando lições de mestres consagrados, estudiosos inclusive da filosofia e Teoria Geral do Direito, razão pela qual nos permitimos iniciar nossas considerações a respeito da responsabilidade por improbidade administrativa invocando Lourival Vilanova.

Professa o eminente mestre:[2]

> É opinião dominante no pensamento jurídico contemporâneo, entre os que se dedicam à Ciência do Direito, quer com finalidade predominantemente teórica, quer predominantemente prática, e em qualquer que seja o campo específico dessa ciência, a de que, sem Teoria Geral do Direito e sem outras investigações mais delicadamente abstratas, não se domina nem a teoria, nem a prática, nem o saber científico especializado, nem sua aplicação aos fatos concretos.

Mais adiante, continua o autor:[3]

> A divisão da Ciência-do-Direito em áreas específicas representa o corte metodológico indispensável num domínio muito vasto. Sobre o *continuum* do universo-do-Direito, delineiam-se porções discretas, setores diferenciados de subsistemas de conhecimento: as ciências jurídicas dogmáticas. Mas, para não se confinar numa divisão meramente setorial, o jurista sente a necessidade de recuperar, de quando em quando, aquele ponto de intersecção, onde se encontram os juristas especializados com problemas comuns, genéricos, inespecificados. Nesse ponto de intersecção acham-se os conceitos fundamentais fornecidos pela Teoria Geral do Direito e pela Lógica jurídica (ramo da Lógica deôntica).

---

[2] VILANOVA, Lourival. *As estruturas lógicas e o sistema de direto positivo*. São Paulo: Revista dos Tribunais, 1977. p. XXI.
[3] VILANOVA. Op. cit., p. XXI.

Isto em nível mais abstrato. Porém, ainda em nível científico, em sentido estrito. Em nível mais radical, prosseguindo até a Filosofia do Direito.

E ainda arremata:[4]

É preciso estar em contato com a teoria geral das obrigações, com a Teoria Geral do Direito administrativo, do Direito tributário, do Direito constitucional e com a teoria geral do processo e a parte geral do Direito Penal. Por outro lado, a interpretação e a aplicação jurisprudencial do Direito são elementos imprescindíveis para se ter o "Direito como experiência" e, com base nessa experiência, obter-se o vínculo husserliano entre "juízo e experiência" ou entre Lógica e realidade.

Tendo sempre presentes as advertências transcritas, iniciemos por considerar que a disciplina jurídico-normativa da responsabilidade por improbidade administrativa foi substancialmente modificada com o advento da Lei nº 14.230/21, que alterou a Lei nº 8.429/92.

Essa lei dispõe, como se sabe, "sobre as sanções aplicáveis em virtude da prática de atos de improbidade administrativa, de que trata o §4º do art. 37 da Constituição Federal, e dá outras providências". É o que consta da ementa da Lei nº 8.429/92, com a redação dada pela Lei nº 14.230/21.

Cumpre, inicialmente, estabelecer algumas premissas inarredáveis para maior consistência no trato dessa matéria.

Entre essas premissas, cabe ressaltar o próprio conceito de improbidade, já que equívocos têm sido cometidos a partir do erro de não se distinguir, como se impõe, os conceitos de legalidade, moralidade e probidade no trato da coisa pública no exercício de funções e atividades governamentais e correlatas, no sentido amplo do termo.

Outros conceitos fundamentais demandam muita atenção, como o de responsabilidade e suas variadas espécies, o qual permeia todos os ramos do Direito, público e privado, com seus requisitos ou pressupostos e projeções. Além disso, falar em responsabilidade demanda considerações a respeito de ofensas à ordem jurídica e suas consequências em termos de sanções.

Enfim, não há como deixar de tecer considerações pertinentes ao denominado Direito sancionador, com incursões a respeito de responsabilidade objetiva, subjetiva e, consequentemente, a respeito dos conceitos de dolo, culpa, má-fé, boa-fé e outros mais.

---

[4] VILANOVA. Op. cit., p. XXII.

Ora, tratar de responsabilidade por improbidade administrativa impõe, repita-se, considerar, antes de tudo, os conceitos já mencionados, tarefa que, para efeito de consistência das posições que vamos firmar, deve ser precedida, ainda que com a maior concisão e brevidade, de observações a respeito da própria noção de Direito e aspectos de sua teoria geral.

Nosso ponto de partida, portanto, é o conceito que adotamos de Direito, palavra que utilizamos para designar a ordem normativa do comportamento humano, dotada de coercibilidade institucionalizada, isto é, da possibilidade até mesmo do uso da coerção, garantida pelo Estado, para fazer respeitar, cumprir e aplicar as normas – princípios e regras – que a mencionada ordem consubstancia. É essa ordem normativa que elegemos como objeto de estudo, designando-o *Direito*.

Normas jurídicas comportam diversas espécies, consoante variados critérios classificatórios. Normas jurídicas estabelecem, fundamentalmente, o que é obrigatório, proibido ou facultado fazer ou não fazer, cominando sanções aos que as violarem. Sanções no sentido amplo da expressão, como consequências desfavoráveis aos que se comportarem de forma não obsequiosa aos mandamentos legais.

Em um determinado Estado, como o brasileiro, há milhares, talvez milhões de normas jurídicas em vigor, produzidas pela União, pelo Distrito Federal, pelos Estados-membros da nossa federação e pelos Municípios. Cada uma dessas pessoas jurídicas de Direito público legisla consoante a discriminação constitucional de competências, e toda lei há de ter na Constituição da República seu fundamento último de validade.

Esse cipoal de normas jurídicas, objeto de estudo dos que têm no Direito posto seu instrumento de trabalho, deve ser conhecido sob perspectiva unitária, na busca de consistência, em face mesmo da possível ocorrência de antinomias.

O referido estudo deve ser organizado metodicamente, com a utilização de técnicas apropriadas à consecução da finalidade almejada.

Portanto, em termos de raciocínio jurídico, fala alto a exigência de ordem sistemática, consistente na composição de elementos – as normas jurídicas – sob perspectiva unitária.[5]

---

[5] Quanto à noção e importância da ideia de sistema, sem a qual não se pode falar em ciência do Direito, cf. CANARIS, Claus Wilhelm. *Pensamento sistemático e conceito de sistema na ciência do Direito*. 4. ed. Lisboa: Fundacção Calouste Gulbenkian, 2008; e ATALIBA, Geraldo. *Sistema Constitucional tributário brasileiro*. São Paulo. Revista dos Tribunais, 1968. p. 4.

Essa perspectiva unitária nos leva, necessariamente, à identificação de conceitos jurídicos, de categorias jurídicas fundamentais, verdadeiros denominadores comuns dos ramos do Direito, como o constitucional, o administrativo, o tributário, o processual, o eleitoral, o previdenciário, o penal, o civil, o trabalhista, o comercial, enfim, comuns a todos os ramos.

Entre essas categorias fundamentais estão a própria norma jurídica e sua estrutura lógica, os conceitos de pessoa, relação jurídica, responsabilidade e muitas outras, representações mentais que são de objetos, cujo conteúdo semântico nuclear de cada qual é o mesmo, independentemente do ramo do Direito a que determinada prescrição pertença e venha a incidir ao ocorrer um fato que a ela se subsuma. Essas categorias gerais, insistimos, têm um mesmo conteúdo semântico nuclear, sem embargo de nuances ou matizes peculiares a cada ramo do Direito, preservado seu DNA comum.

Os próprios conceitos de subsunção, ponderação de princípios, incidência, vigência, validade, eficácia e outros mais se apresentam como fundamentais, deles tratando a Teoria Geral do Direito, que se ocupa em abstrair da linguagem dos textos jurídico-normativos conceitos que, nos termos expostos por Aurora Tomazini de Carvalho:

> (...) permanecem lineares e atravessam universalmente todos os subdomínios do objeto, adquirindo, em cada um deles, apenas um *quantum* de especificidade. São os denominados, segundo lições de Lourival Vilanova, "conceitos fundamentais", responsáveis pela uniformidade da linguagem-objeto. Com a eleição destes pontos de intersecção que se repetem nos vários ramos da Ciência do Direito, formado pelas Teorias Específicas, temos a generalização e, com ela, a formação de uma Teoria Geral do Direito.[6]
> (...)
> Os "ramos" (cortes realizados no Direito positivo), por serem epistemológicos, não interferem na composição do sistema, apenas criam uma especialidade para a Ciência, não tendo o condão de criá-la juridicamente, pois o Direito positivo é um sistema uno e indecomponível. Todas as normas jurídicas encontram-se relacionadas entre si, de forma que tentar isolar regras jurídicas, como se prescindissem da totalidade do conjunto, seria ignorar o Direito enquanto sistema.[7]

---

[6] CARVALHO, Aurora Tomazini de. *Curso de Teoria Geral do Direito*: o construtivismo lógico-semântico. São Paulo: Noeses, 2013. p. 55-56.
[7] CARVALHO. Op. cit., p. 153.

Inquestionável, destarte, a autonomia apenas relativa dos ramos do Direito, resultantes de imperativos didático-científicos, cortes metodológicos de um mesmo campo do saber, objetos sobre os quais se debruça a ciência do Direito, sem perder de vista o que os mantém como partes componentes do todo.

CAPÍTULO 1

DA RESPONSABILIDADE JURÍDICA

Normas comportamentais, seja qual for a ordem a que pertençam – religiosas, morais, de etiqueta, boas maneiras, jurídicas –, constituem prescrições quanto ao que, nesta ou naquela hipótese, é obrigatório, proibido ou facultado fazer, sob pena de se sujeitarem aqueles que as desobedecerem a esta ou aquela consequência desfavorável, em princípio indesejável, consequência que se tenha como possivelmente inibidora de certo proceder, porque sentida como um mal por seus destinatários. Outras consequências, agora já favoráveis, são estimuladoras de comportamentos juridicamente desejáveis. São as denominadas sanções premiais.

As referidas normas se apresentam, na sua estrutura lógica simplificada, dotadas de hipótese, mandamento e sanção, sem embargo de especificidades quanto a esses elementos consoante se trate de normas desta ou daquela espécie.

Normas jurídicas, como se sabe, são dotadas de coercibilidade institucionalizada, de sorte que sua não observância enseja responsabilização até mesmo mediante medidas coercitivas, nos termos previstos na própria ordem normativa, se e quando necessário.

Ocorre que a imputação de responsabilidade jurídica a uma pessoa se apresenta, decerto, juridicamente regulada. Diante de um mesmo tipo de comportamento, objetivamente ofensivo à ordem jurídica, pessoas há que não estarão sujeitas a nenhuma responsabilização por variados fatores ou circunstâncias legalmente relevantes. E, estando sujeitas à responsabilização, esta poderá variar quanto à sua natureza e sanções cabíveis. A lei, no sentido amplo da expressão, também pode estabelecer hipóteses de irresponsabilidade e inimputabilidade. Pode elencar, descrevendo-as, causas excludentes de antijuridicidade; contemplar prazos prescricionais; cominar sanções; ou até não cominar, em face, por exemplo, do elemento subjetivo do agente. Verifica-se, portanto, que o tema da responsabilidade jurídica é inçado de dificuldades que podem passar despercebidas a leigos em Direito. Mesmo entre os versados na matéria, não é raro encontrar quem, insatisfeito com o que resultou decidido pelo legislador competente ao dispor a respeito da matéria, se deixe levar pelo inconformismo ao interpretar e aplicar a norma que não seja de seu agrado, distorcendo mesmo o sentido e o alcance do dispositivo legal que a consubstancie, a pretexto de fazer justiça – a sua justiça, o que parece justo na sua visão.

Toda e qualquer exegese há de ser levada a efeito consoante as lições da hermenêutica. Não obstante intérpretes possam até divergir em face dos mais variados fatores e circunstâncias, quanto aos fatos e quanto ao Direito, dando maior ou menor peso a este ou aquele argumento, a interpretação não pode ser arbitrária. Há de ser sempre racional, objetivando, com honestidade intelectual, extrair o sentido e o alcance das prescrições jurídico-normativas, advertido o intérprete das exigências do raciocínio sistemático e do fato de que não é ele o legislador.

Por certo, o intérprete não se limita a reproduzir as palavras da lei. Seu labor exegético a enriquece de significado, como quem se põe a lapidar uma gema bruta, transformando-a em um brilhante. Entretanto, como professa Lourival Vilanova,[8] por todos, o jurista-cientista não é "titular-de-órgão produtor de normas". Não pode substituir-se ao legislador, deixando-se seduzir pelos que, exagerando, chegam a proclamar que a norma é criada pelo intérprete.

Seja como for, da constatação pura, simples e objetiva de um comportamento *prima facie* em descompasso com o ordenamento jurídico, não se pode concluir, de plano, pela sua imputabilidade ao agente e responsabilização deste. Poderá haver um longo caminho a percorrer, obsequioso ao Direito posto, e como posto.

Açodamentos voluntaristas de integrantes de órgãos competentes para a promoção de responsabilidades em matéria, entre outras, de improbidade administrativa têm levado operadores do Direito à via fácil de presunções descabidas à luz da ordem jurídica em vigor e à distorção de conceitos jurídicos fundamentais, alguns há séculos sedimentados. Alguns provavelmente sequer se dão conta de estarem a promover

---

[8] VILANOVA. Op. cit., p. 25.

retrocessos, ressuscitando concepções superadas que remontam "ao Direito medieval".[9]

Infelizmente, açodamentos amesquinhadores do Estado de Direito Democrático, do princípio jurídico da dignidade da pessoa humana e de outros que deles promanam têm obtido aplauso de leigos na matéria, de setores da mídia, embalados pelo uso abusivo e distorcido de palavras que, expressando valores os mais caros, são instrumentos retóricos dotados de grande força persuasiva, sobretudo emocional, em detrimento da serena racionalidade jurídica.

Aí então se seguem erros jurídicos, até grosseiros, por parte dos menos avisados ou cômoda cegueira daqueles a quem interessa fazer prevalecer não o que está posto como norma jurídica, mas o que querem, arvorando-se senhores da Justiça.

O tema da responsabilidade, portanto, comporta estudos sob os mais variados aspectos e diferentes níveis de profundidade, com algumas peculiaridades consoante se esteja a tratar deste ou daquele ramo do Direito público ou privado. Sem embargo, há, por assim dizer, uma espinha dorsal do regime jurídico da responsabilidade, com conceitos dotados, cada qual, de um núcleo significativo comum, seja qual for o ramo do Direito considerado.

Entre esses conceitos comuns podemos destacar: imputabilidade; responsabilidade objetiva e subjetiva; ação ou omissão; dano; relação de causalidade; culpa ou dolo; prova direta e indireta; e outros mais.

Assim é que, diante de notícia de comportamento *prima facie* ofensivo à ordem jurídica, põe-se como indeclinável provar o comportamento e a ofensa ao Direito, seja o comportamento comissivo ou omissivo, e a autoria, bem como verificar se o autor é ou não inimputável; o dano a algum bem jurídico; a relação de causalidade entre o comportamento e o dano; e a culpa ou o dolo do agente (culpabilidade), salvo nas hipóteses expressas em lei de responsabilidade objetiva. No caso de dano, este deverá ser real, salvo também nas hipóteses expressas em lei de dano presumido.

Merecem assim especial atenção as questões pertinentes a presunções e provas, recordando que estas podem ser diretas ou indiretas,

---

[9] Uma dessas concepções superadas há muito é a da *versari in re illicita*, "manifestação, em sede jurídico-penal, da responsabilidade objetiva que, embora deva ser questionada em qualquer ramo do saber jurídico, com mais razão deve sê-lo no âmbito do Direito Penal. Apesar de ninguém postular hoje a responsabilidade objetiva em matéria penal, o *versari* se infiltra nas sentenças e mesmo na doutrina". Cf. ZAFFARONI, E. Raúl; BATISTA, Nilo; ALAGIA, Alejandro; SLOKAR, Alejandro. *Direito Penal brasileiro*: Teoria Geral do Direito Penal. 4. ed. Rio de Janeiro: Revan, 2019. p. 247. v. 1.

como as indiciárias,[10] importantíssimas quando não as únicas de que é possível valer-se para concluir pela existência de dolo,[11] elemento subjetivo indispensável à tipificação de certos ilícitos, como nos casos de improbidades administrativas, e não somente em matéria cível e penal.

Em princípio, incumbe a quem imputa responsabilidade a alguém o ônus da prova da ação ou omissão, da sua ilicitude, da consequência danosa a um bem jurídico e da relação de causalidade entre o comportamento e o dano. Salvo as hipóteses de responsabilidade objetiva, legal e expressamente previstas, há de ser provada também a reprovabilidade jurídica do comportamento, isto é, o dolo ou a culpa no sentido estrito, consoante dispuser a lei. Como se sabe, ofensas dolosas à ordem jurídica são mais reprováveis que as culposas no sentido estrito, razão pela qual as intencionais (dolosas) comportam sanções mais graves que as não intencionais (culposas).

Com efeito, soa ofensivo ao princípio constitucional da isonomia cominar sanções iguais às pessoas que procedem com graus diferenciados de reprovabilidade, razão pela qual impõe-se tratar diferentemente quem viola a ordem jurídica com a consciência de que assim está a proceder, com a intenção viciada pela má-fé, de quem comete algum ilícito estando de boa-fé, por inadvertência, erro, imprudência, negligência ou imperícia. Mesmo nos casos de violação não intencional à ordem jurídica, impõe-se, em matéria sancionatória, por força mesmo do princípio da proporcionalidade, estabelecer gradações consoante a espécie de erro e grau de culpa em sentido estrito, as circunstâncias do caso e os antecedentes do agente.

Ora, ao proceder à reforma da lei de improbidade, o legislador preocupou-se, declarando-o expressamente, com a banalização do manejo da ação de responsabilidade por improbidade.

De há muito, setores dos mais autorizados, inclusive do Judiciário, vinham apontando, com suporte em doutrinadores de escol, o uso e abuso de presunções, invocação apenas de princípios e distorções de

---

[10] Art. 239 Considera-se indício a circunstância conhecida e provada, que, tendo relação com o fato, autorize, por indução, concluir-se a existência de outra ou outras circunstâncias. (CPC)

[11] Como professa Francisco das Chagas Vasconcelos Neto, "o elemento subjetivo do tipo é de difícil prova, pois é materialmente e inviável o acesso às informações mentais internas do agente. A intenção ou desejo de produzir determinada ação só podem ser provadas, caso o agente não as externalize, pela detalhada análise de todas as outras circunstâncias externas, ou seja, por todos os fatos periféricos que permeiam a situação julgada" (*Método da prova indiciária como demonstração do elemento subjetivo no processo penal*, 2021. Disponível em: https://red-idd.com/files/2021/2021GT13_004.pdf. Acesso em: 19 jun. 2023).

conceitos jurídicos, manejados não raramente de sorte a dispensar igual tratamento aos que tivessem atuado de boa ou má-fé, ofendendo assim, às escâncaras, o princípio constitucional da isonomia e provocando o denominado "apagão das canetas", o sugestivamente denominado Direito administrativo do medo.[12]

Impõe-se, destarte, deixar claro desde logo que nem toda ação ou omissão em descompasso com a ordem jurídica, na esfera pública ou privada, enseja a mesma reação sancionatória.

Basta considerar, por exemplo, que a concessão de um mandado de segurança tem como pressuposto a violação de direito líquido e certo, seja qual for a autoridade responsável pela ilegalidade ou pelo abuso de poder. Concedida a segurança, restaura-se a legalidade sem que, necessariamente, deva seguir-se a responsabilização pessoal da autoridade tida como coatora, seja ela o legislador, um magistrado ou um agente no exercício de função administrativa ou controladora.

Situações há em que dano causado a alguém resolve-se somente mediante indenização. Em outros casos, o dano causado pode configurar também infração disciplinar, improbidade administrativa e até infração penal, consoante o que esteja prescrito nas normas a aplicar.

Segue-se que não se pode, por exemplo, falar em impunidade apenas quando a violação à ordem jurídica implica sanções outras que não a criminal ou por improbidade. Sanções mais draconianas hão de ser aplicadas em face de ofensas mais graves à ordem jurídica, e são as normas jurídicas que prescrevem quais sanções ou espécies de responsabilização são cabíveis para cada tipo de ilícito. E será cabível ou não, em face de cada comportamento ofensivo ao Direito, uma ou mais sanções de diferentes naturezas nos termos estabelecidos pelas normas legais.

Em matéria de improbidade administrativa, por exemplo, nem todos os comportamentos assim qualificáveis ensejarão também sanção criminal.

---

[12] VALGAS, Rodrigo. *Direito administrativo do medo*. São Paulo: Revista dos Tribunais, 2020. Essa obra é merecedora de encômios, tratando da matéria com maestria. Sob esse mesmo título – Direito administrativo do medo – já havíamos proferido conferência, em 2008, em Curitiba, ao ensejo do XIX Congresso Paranaense de Direito Administrativo, sob a presidência do Professor Edgar Guimarães. Quanto à improbidade administrativa em especial, sob todos os aspectos merecedores de especial atenção, é de se registrar e recomendar a obra de DAL POZZO, Augusto Neves; OLIVEIRA, José Roberto Pimenta (Orgs.). *Lei de improbidade administrativa reformada – Lei 8.429/1992 e Lei 14.230/2021*. São Paulo: Revista dos Tribunais, 2022, que reúne uma plêiade de estudiosos da matéria, do mais alto nível.

Há, portanto, vários sistemas de responsabilização. Um deles, de que aqui estamos a nos ocupar, é o de responsabilização por improbidade, inconfundível com os demais.

Ora, na medida em que o pressuposto comum de toda e qualquer responsabilização reside em uma ofensa à ordem jurídica, em uma ilegalidade, não basta que constatada esta, no setor público, se possa concluir, *ipso facto*, pela ocorrência de improbidade.

Para a configuração de improbidade, que não é sinônimo de mera ilegalidade, é necessário que a ofensa à ordem jurídica se apresente especialmente qualificada – e é disso que se ocupou, *ab initio*, o legislador ao proceder à revisão da Lei nº 8.429/92.

Com efeito, pelo exercício irregular de suas atribuições, todo e qualquer agente público, no sentido mais lato da expressão, está sujeito à responsabilização de variada natureza, como já ressaltamos.

Todavia, mesmo quando agentes públicos expedem atos ou se omitem, em descompasso com a ordem jurídica, a restauração do império da legalidade, dependendo das circunstâncias, pode ser levada a efeito com a mera anulação do ato inválido ou a correção da omissão, não sendo cabível responsabilização pessoal do agente no sentido de que lhe deve ser aplicada alguma sanção, seja penal, por improbidade, cível ou mesmo administrativa.

Por expressa disposição da lei de introdução às normas do Direito brasileiro, agentes públicos só podem ser responsabilizados por atos ofensivos à ordem jurídica quando atuarem com dolo ou erro grosseiro. Por certo, para efeito de indenizações por danos causados a terceiros, bastará dolo ou mera culpa, ainda que não grave, em face do que dispõe o §6º do art. 37 da Constituição da República.

No mais, para efeitos não apenas reparatórios dos danos que venham a causar, agentes públicos só podem ser responsabilizados pessoalmente, sujeitando-se a sanções de qualquer natureza, se tiverem violado a ordem jurídica com dolo ou erro grosseiro, ou seja, intencionalmente, cientes da antijuridicidade de seu proceder, ou com culpa grave.

CAPÍTULO 2

LEGALIDADE, MORALIDADE E PROBIDADE

Retornando agora à questão concernente à precisão do conceito de improbidade, é de se repetir que esse termo não guarda sinonímia com os conceitos de ilegalidade e imoralidade administrativa, não obstante estejam relacionados.

Legalidade é a qualidade do que é legal, conforme a ordem jurídica. Porém, nem toda ofensa à ordem jurídica se apresenta com igual gravidade, ensejando sempre as mesmas consequências. Há comportamentos, fatos juridicamente relevantes, que causam danos a terceiros, impondo ao causador o dever de indenizar. Trata-se de mera reparação civil, e não de uma sanção propriamente dita. Tanto é verdade que o dever de reparar danos transmite-se aos sucessores de quem os tenha causado. Já as sanções mesmo são de caráter personalíssimo, como as disciplinares, por improbidade e criminais.

Se o dano causado a terceiros foi intencional, ao dever de reparação é acrescida a responsabilização criminal. Configura crime, nos termos do art. 163 do Código Penal.

O indeferimento de licença que, em rigor, deveria ser deferida enseja propositura de ação judicial – mandado de segurança ou ação ordinária, conforme o caso. No entanto, se o ato ilegal é decorrente de dolo ou erro grosseiro, o agente público sujeitar-se-á, ele mesmo, a sanções disciplinares ou até de improbidade no caso de dolo, conforme o caso.

Em se tratando de ilegalidade que implica, concomitantemente, violação a valores morais juridicizados, como a lealdade e a boa-fé, a ilegalidade estará agravada, configurando ofensa à moralidade administrativa,[13] sendo cabível também o manejo da ação popular por qualquer cidadão (Constituição da República, art. 37, *caput*, c.c. art. 5º, LXXIII) para restaurar o império da legalidade.

Como se vê, sendo a moralidade uma moral jurídica – valores morais juridicizados –, pode haver ilegalidade sem ofensa à moralidade, mas ofensa à moralidade pressupõe ofensa à ordem jurídica – ofensa agravada, portanto.

Entretanto, a violação à ordem jurídica pode ainda apresentar-se especialmente qualificada, de sorte a ensejar a aplicação de sanções as mais severas, na medida em que a lei prescrever que certos tipos de comportamentos são considerados *ímprobos* ou definidos como crime.

Destarte, atos de improbidade são as condutas dolosas tipificadas nos arts. 9º, 10 e 11 da Lei nº 8.429/92 e outras condutas, previstas em leis especiais (art. 1º, §1º), as quais sujeitam seus autores às sanções cominadas no art. 12. Já os crimes são os comportamentos tipificados como tais na legislação penal, dolosos ou culposos, nos casos expressamente previstos em lei, que sujeitam seus autores, em geral, a penas privativas de liberdade, pecuniárias e/ou restritivas de outros direitos, como nas hipóteses de infrações penais imputáveis a pessoas jurídicas.[14]

Assim, é o legislador competente que, avaliando a maior ou menor censurabilidade ou reprovabilidade deste ou daquele tipo de ação ou omissão, legisla decidindo por qualificar este ou aquele comportamento como ímprobo e/ou criminoso ou não.

A Lei de Improbidade Administrativa (LIA), com a redação dada pela Lei nº 14.230/21, prescreve que não se pode cogitar improbidade senão a título de dolo, afastando assim a modalidade culposa, consoante se depreende de várias de suas disposições.

Em nosso entender, bem andou o legislador. Diz-se ímprobo quem procede com grave desvio de caráter, sem honradez, de forma desonesta. Violação da ordem jurídica de forma não intencional, apenas culposa, por erro involuntário, por imprudência, negligência ou imperícia, não pode passar desapercebida, ensejando as consequências

---

[13] CAMMAROSANO, Márcio. *O princípio constitucional da moralidade e o exercício da função administrativa*. Belo Horizonte: Fórum, 2006. Veja-se, também, a precisa lição de Eros Roberto Grau: "(...) a eticização do Direito pela qual se clama apenas poderá ser realizada, no presente, mediante a adição de conteúdos às formas jurídicas, o que importa desenvolvam os juristas não uma atividade exclusivamente técnica e significa atuem segundo uma ética na lei (não acima da lei)" (*O Direito posto e o Direito pressuposto*. São Paulo: Malheiros, 1996. p. 78).

[14] Ver Lei nº 9.605/98, que define crimes ambientais, passíveis de serem cometidos mesmo por pessoas jurídicas.

previstas em lei, mas não sanções por improbidade, como se estas fossem as únicas consequências previstas em nosso ordenamento jurídico na hipótese de sua não observância.

Quanto à exigência de dolo para configuração de improbidade, emprestamos pessoal colaboração ao Relator da matéria na Câmara dos Deputados, Carlos Zarattini. Propusemos, inclusive, para espancar dúvidas futuras, a definição de dolo que resultou insculpida no art. 1º, §2º, da lei em vigor, reforçada em seu §3º. Esses dispositivos estão assim redigidos:

> Art. 1º O sistema de responsabilização por atos de improbidade administrativa tutelará a probidade na organização do Estado e no exercício de suas funções, como forma de assegurar a integridade do patrimônio público e social, nos termos desta Lei.
>
> (...)
>
> §2º Considera-se dolo a vontade livre e consciente de alcançar o resultado ilícito tipificado nos arts. 9º, 10 e 11 desta Lei, não bastando a voluntariedade do agente.
>
> §3º O mero exercício da função ou desempenho de competências públicas, sem comprovação de ato doloso com fim ilícito, afasta a responsabilidade por ato de improbidade administrativa.

CAPÍTULO 3

A RELEVÂNCIA JURÍDICA DA VONTADE NA TIPIFICAÇÃO DE IMPROBIDADE; O CONCEITO DE DOLO; DISTINÇÕES

3.1 A vontade como pressuposto da responsabilidade

Concentremo-nos agora na questão do papel da vontade para efeito de responsabilizações, responsabilidade objetiva e subjetiva e, ao final, dolo, porque sem dolo não há responsabilidade por improbidade, consoante prescrito na lei que estamos a examinar.

As considerações que seguem são elementares, mas indispensáveis no trato da matéria e dizem respeito a categorias fundamentais comuns a variados ramos do Direito, como vimos alertando. Em rigor, e como já dissemos, são tratadas pelos que se ocupam, antes de tudo, com a Teoria Geral do Direito, não obstante algumas delas tenham ensejado estudos mais aprofundados ora por civilistas, ora por penalistas, consideradas as peculiaridades dessas searas do saber.

A primeira questão é pertinente à teoria da ação ou da vontade e à sua relevância no Direito.

Procurando a maior concisão e brevidade possível, podemos dizer que sem livre-arbítrio não seria possível cogitar de responsabilidade.

O Direito é ordem normativa do comportamento humano, compreensiva, assim, de normas que prescrevem o que deve ser, estabelecendo, fundamentalmente, o que é proibido, obrigatório ou facultado fazer.

A Constituição da República prescreve, em seu art. 5º, II, que "ninguém será obrigado a fazer ou deixar de fazer alguma coisa senão em virtude de lei".

Temos aí o princípio cardeal da legalidade/liberdade jurídica. Não havendo proibição ou obrigação estabelecida em lei, somos titulares do direito de nos comportarmos como melhor nos aprouver. Essa norma-princípio só faz sentido ao se considerar que nós, seres humanos, somos dotados de livre-arbítrio, ainda que sob o influxo (maior ou menor) de inclinações genéticas, circunstâncias, cultura, ambiente social e outros fatores que influenciam nosso proceder.

Assim, comportamentos humanos têm sua mola propulsora, sua gênese, na vontade livre, razão pela qual nos comportamos a princípio voluntariamente, consoante nosso querer.

A voluntariedade – qualidade do que é voluntário –, seja uma ação ou inação desejadas, decorre do nosso livre-arbítrio. Por sermos dotados de vontade, da capacidade de fazer escolhas, podemos ser responsabilizados por elas.

O livre-arbítrio é pressuposto da responsabilidade. Sem liberdade não há responsabilidade.

A voluntariedade é, pois, atributo essencial do comportamento humano. Sem ela, nosso proceder não passaria de movimentos ou estado de repouso involuntários, insuscetíveis de implicar responsabilização, visto que insuscetíveis de juízos de reprovabilidade jurídica ou mesmo moral. Involuntárias são certas reações orgânicas, reações instintivas ou decorrentes de graves patologias, que afastam qualquer sã racionalidade.

Para o mundo normativo, do dever-ser, somente importam comportamentos voluntários, ditados pela razão. Prescrições quanto ao que *deve ser* trabalham com hipóteses de serem ou não obedecidas, respeitadas, consoante deliberarem voluntariamente seus destinatários.

No exercício da liberdade, comportamentos humanos podem ou não estar de acordo com o ordenamento jurídico, sendo, assim, qualificáveis como lícitos ou ilícitos.

O ilícito enseja consequências desfavoráveis das mais variadas naturezas, desde, por exemplo, a anulação de um contrato viciado, a aplicação de uma multa, a obrigação de reparar um dano causado, a suspensão ou a privação de direitos, entre outras.

Todavia, há situações em que a vontade não é livre, mas coartada, de sorte que o comportamento, seja uma ação ou inação, não é resultado do livre-arbítrio, mas de uma coação irresistível que exclui a responsabilidade de quem a sofre.

Outras vezes há comportamento voluntário, mas a vontade apresenta-se viciada e, dependendo do vício de que padeça, as consequências jurídicas do proceder são diferenciadas, como ocorre em face do erro ou do dolo.

O erro consiste em uma falsa e involuntária percepção da realidade. Já o dolo consiste, para além da mera voluntariedade de um comportamento, no atuar com intencional desconformidade com um dever jurídico, com um propósito ou escopo censurável, com a consciência de que se está a proceder de forma contrária ao Direito. Dolo há no querer um comportamento ou resultado dele, ciente de sua ilicitude.[15]

3.2 Da responsabilidade objetiva e subjetiva; dolo e culpa

No que concerne à responsabilização por ofensa à ordem jurídica, a regra é a denominada responsabilidade subjetiva, isto é, imputável a título de dolo ou culpa no sentido estrito do termo.

A configuração da responsabilidade subjetiva e objetiva é essencialmente a mesma em quaisquer ramos do Direito, assim como a regra de que a responsabilidade objetiva ocorre somente em face da expressa disposição legal.

Sem embargo, dispositivos há que, sem utilizar as expressões "responsabilidade subjetiva" ou "responsabilidade objetiva", as contemplam.

É o caso do art. 37, §6º, da Constituição da República, que reza:

> Art. 37. A administração pública direta e indireta de qualquer dos Poderes da União, dos Estados, do Distrito Federal e dos Municípios obedecerá aos princípios de legalidade, impessoalidade, moralidade, publicidade e eficiência e, também, ao seguinte:
> (...)
> §6º As pessoas jurídicas de Direito público e as de Direito privado prestadoras de serviços públicos responderão pelos danos que seus agentes, nessa qualidade, causarem a terceiros, assegurado o direito de regresso contra o responsável nos casos de dolo ou culpa.

Nesse mesmo dispositivo está prescrita a responsabilidade civil patrimonial, extracontratual do Estado, que é objetiva – teoria do risco proveito –, e a responsabilidade subjetiva dos agentes públicos causadores do dano, imputável apenas a título de dolo ou culpa.

---

[15] O fato de a lei prescrever que ninguém se escusa de cumprir a lei, alegando que não a conhece (LINDB, art. 3º), não significa que, para efeito sancionatório, seja indiferente o elemento subjetivo de quem procede em desconformidade com o Direito.

Em se tratando de responsabilidade subjetiva, os requisitos são os seguintes: (i) *dano* – deve ser provada a ocorrência de um dano a um bem jurídico, prova dispensada nas hipóteses de dano legalmente presumido, em que basta provar a ocorrência de algo que a lei presuma como danoso; (ii) *ação ou omissão causadora do dano* – deve ser provada uma ação ou omissão de uma pessoa, física ou jurídica, que tenha causado o dano, isto é, deve ser provada a relação de causalidade; (iii) devem ser provados a *culpa* (negligência, imprudência ou imperícia) ou o *dolo* do agente causador do dano.

Cada um desses requisitos comporta alentadas observações; entretanto, nesta oportunidade, cabe registrar apenas que a ação ou omissão causadora do dano, ensejadora de imputação de responsabilidade, há de ser um comportamento voluntário. Entenda-se voluntariedade do comportamento em si mesmo considerado, que pode ser adotado com o escopo de causar dano ciente de sua ilicitude, configurando dolo, ou comportamento sem o escopo de causar dano nenhum e que, todavia, venha a ocorrer em face do proceder do agente de forma negligente, imprudente ou com imperícia, configurando culpa em sentido estrito.

Portanto, não é a mera voluntariedade do comportamento que nos autoriza concluir pela existência do elemento subjetivo dolo. Querer dado comportamento não implica necessariamente querer o resultado danoso ou assumir o risco de produzi-lo. Sem a voluntariedade do comportamento em si mesmo considerado, porque coartada, estando o agente sob coação, não há livre-arbítrio, não há voluntariedade, não há responsabilidade daquele que foi utilizado, sob coação ou grave e irresistível ameaça, como mero instrumento de outrem. Nesse caso, não há que se falar sequer em responsabilidade, quer subjetiva, quer objetiva.

Quem se põe a dirigir um veículo automotor o faz voluntariamente. Dirige porque quer dirigir. Porém, se por inabilidade na condução do veículo causar um acidente de trânsito, por ele responderá a título de culpa, e não de dolo.

De forma lapidar professa Carlos Roberto Gonçalves, ao tratar da responsabilidade civil: "o dolo consiste na vontade de cometer uma violação de direito, e a culpa, na falta de diligência. Dolo, portanto, é a violação deliberada, consciente, intencional, do dever jurídico".[16]

No caso de responsabilidade objetiva, os requisitos para sua configuração são os mesmos da responsabilidade subjetiva (exceção feita

---

[16] GONÇALVES, Carlos Roberto. *Direito civil brasileiro*: responsabilidade civil. 14. ed. São Paulo: Saraiva, 2019. p. 53. v. 4.

ao requisito da culpabilidade, do dolo ou da culpa). A responsabilidade objetiva independe de culpa ou dolo do agente. Comprovada a ação ou a omissão de alguém, causador de dano a terceiro, não se põe a obrigatoriedade de que tenha atuado com dolo ou culpa para que responda pelo dano causado. No entanto, o comportamento que causou do dano há de ser voluntário. A voluntariedade do comportamento (mas não com o escopo de alcançar o resultado danoso de cuja antijuridicidade se tenha consciência) que existisse implicaria dolo.

Essa noção de dolo é invariável, seja qual for o ramo do Direito considerado, porque é da Teoria Geral do Direito.

O Código Penal, por exemplo, define crime doloso como aquele em que o agente quer o resultado ou assume o risco de produzi-lo (art. 18, I). No crime culposo, ainda que a ação ou omissão tipificada como crime seja ela mesma voluntária, voluntariedade não há como escopo dirigido a um resultado ilícito. Não obstante a ação ou omissão seja voluntária, na sua gênese, o resultado lícito não é desejado, mas decorre de atuação imprudente, negligente ou imperita do agente.

Ora, ao proceder à revisão da LIA, o legislador decidiu-se por exigir, para sua configuração, o elemento subjetivo dolo. Para evitar distorções quanto ao conceito de dolo, fez constar do texto da lei o seguinte:

> Art. 1º O sistema de responsabilização por atos de improbidade administrativa tutelará a probidade na organização do Estado e no exercício de suas funções, como forma de assegurar a integridade do patrimônio público e social, nos termos desta Lei.
> (...)
> §2º Considera-se dolo a vontade livre e consciente de alcançar o resultado ilícito tipificado nos arts. 9º, 10 e 11 desta Lei, não bastando a voluntariedade do agente.

Entretanto, não satisfeito em fazer constar da lei a definição de dolo no texto acima transcrito, dispondo não bastar a voluntariedade do agente, exigindo a indeclinável consciência da antijuridicidade do proceder, o legislador acrescentou ainda que "o mero exercício da função ou desempenho de competências públicas, sem comprovação de ato doloso com fim ilícito, afasta a responsabilidade por ato de improbidade administrativa (art. 1º, §3º).

Vale dizer: o exercício da função ou do desempenho de competências públicas é algo que implica, obviamente, vontade do agente, que atua voluntariamente, e não o contrário. No entanto, dessa mera voluntariedade não se pode concluir existência de dolo, que somente se configura com o propósito viciado, com a consciência de se estar a proceder ilicitamente, isto é, atuando com má-fé. Age com dolo quem, além da voluntariedade comportamental, procede com propósito viciado, consciente da ilicitude.

A propósito, isso não autoriza dizer que, com essa redação, passou a lei a exigir dolo específico, ao menos por força somente desse dispositivo.

Específico ou genérico, dolo é dolo, isto é, consiste no querer ou assumir o risco de proceder em desconformidade com o Direito, ciente da antijuridicidade do comportamento que em si mesmo for ilícito ou do resultado com o qual venha a dar causa.

Sem esse escopo consciente, não há dolo simplesmente; no entanto, haverá dolo específico se o resultado almejado tiver sido desejado com alguma finalidade específica, nos termos da norma que a referida finalidade estabeleça.

Em outras palavras e em resumo: sem comportamento voluntário, não há que se falar de responsabilidade. Se a ofensa à ordem jurídica foi algo também desejado, e não apenas um dado comportamento, tendo o agente consciência de sua antijuridicidade, terá havido dolo.[17] O dolo será específico se tiver havido uma específica finalidade ou móvel a animar o agente a conscientemente violar a ordem jurídica.

Nunca é demais recordar, por exemplo, que manifestações de vontade preordenadas à produção de efeitos jurídicos são atos jurídicos. Há aí voluntariedade na manifestação, ínsita a ela, como em um contrato, que consubstancia acordo de vontades. Um contrato pode ser válido ou inválido, com invalidade resultante de vícios intencionais ou não. A vontade de contratar não implica necessariamente firmar contrato com a consciência de estar a fazê-lo ao arrepio da ordem jurídica.

A intenção, o escopo viciado do agente, e sua relação com o evento previsto e desejado é o que levou à distinção entre dolo e culpa. Atuação dolosa é vontade informada pela má-fé.

---

[17] A respeito do conceito de dolo em matéria de improbidade administrativa, veja-se também texto de nossa autoria, em especial páginas 582 a 585 (CAMMAROSANO, Márcio; PEREIRA, Flávio Henrique Unes. O elemento subjetivo na improbidade administrativa: por uma responsável motivação das decisões judiciais. *Revista do Superior Tribunal de Justiça*, ano 28, n. 241, p. 577-603, jan./fev./mar. 2016).

Como professa Francesco Carnelutti,[18] "juristas, tanto em Direito civil como em Direito Penal, construíram desde há muito as figuras da culpa e do dolo". Daí por que sem a exigência do elemento subjetivo da intenção viciada, da má-fé, do escopo de proceder com a consciência da sua ofensividade ao Direito ou ao menos da culpa, não há como imputar responsabilidade a alguém, salvo nas hipóteses legalmente previstas como de responsabilidade objetiva.

E nem se diga que a prova do dolo é impossível. Pode ser mais ou menos difícil consoante as circunstâncias, mas não se pode esquecer da denominada prova indireta, indiciária, muito bem conhecida pelos processualistas.

De resto, não se pode presumir a má-fé, sem a qual não há dolo, pois o que se presume, ainda que *juris tantum*, é a boa-fé, como proclamam dispositivos legais, a doutrina e a jurisprudência.

Enfim, o agir de *boa-fé* exclui o *dolo*, conceitos que se repelem, seja no campo do Direito Penal, civil ou em qualquer outro, assim como no sistema de responsabilização por improbidade administrativa.

3.2.1 A cegueira deliberada

Uma questão que não pode deixar de ser considerada diz respeito à denominada cegueira deliberada para fins de imputação de responsabilidade por improbidade administrativa.

Com efeito, já tivemos conhecimento de assertivas de que, em matéria de improbidade administrativa, também é de se admitir a aplicação da teoria da cegueira deliberada, cujas origens remontam ao século XIX, na Inglaterra, e mais recentemente utilizada nos Estados Unidos, em especial nos casos de tráfico de entorpecentes. Consoante a referida doutrina, diante da constatação de um comportamento delituoso, o agente não pode se furtar da responsabilização penal alegando desconhecimento da ilicitude, não obstante a existência de circunstâncias para as quais deliberadamente fechou os olhos, conquanto indicadoras de elevada probabilidade de alguma ilicitude em curso.

A *cegueira deliberada*, portanto, é aquela decorrente da *vontade*, da decisão de não querer ver ou saber o que, se constatado, implicaria o dever de conformação do comportamento ao ordenamento jurídico. Consiste na postura do agente que, mesmo diante de indícios veementes

---

[18] CARNELUTTI, Francesco. *Teoria Geral do Direito*. São Paulo: Lejus, 2000. p. 330 e s.

de possível e até provável cometimento de um ilícito, decide-se por não se dar ao trabalho de procurar saber se o seu proceder implicará alguma ilegalidade.

Trata-se da postura de quem não se preocupa como devia com a possível ofensa à ordem jurídica de seu comportamento, não obstante ciente de circunstâncias que apontam para a referida possibilidade, com elevado grau de probabilidade de sua ocorrência.

Não se trata, portanto, de mera culpa em estrito senso, em qualquer de suas modalidades, como a negligência, mas de um passo além até ao da culpa consciente. Implica, quando menos, dolo eventual, dado que ciente o agente do risco de cometimento de uma possível ilicitude que, efetivamente ocorrendo, se lhe apresenta como indiferente, aceitável. Não há, em rigor, pureza de intenção.

Ora, no sistema em vigor de responsabilidade por improbidade exige-se dolo direto e específico, não bastando a existência de culpa em sentido estrito ou mesmo dolo eventual.

Porém, ainda que se pudesse argumentar que, em caso de dolo eventual, haveria o elemento subjetivo suficiente para caracterização de improbidade, não se pode presumi-lo. No sistema da lei em vigor, com sua recente reforma, o elemento subjetivo dolo deve ser provado pelo autor da ação, de forma impostergável, ainda que se admitam, obviamente, meios de prova direta ou indireta.

Ao longo do processo de formação da vontade da Administração Pública, compreensiva de etapas procedimentais confiadas a servidores ou órgãos distintos, com suas respectivas competências, informadas pela segregação de funções, a presunção de validade dos atos pretéritos pode ceder somente em face de indícios cuja ignorância seja inescusável. Sem a demonstração desses indícios e da inescusabilidade do seu não conhecimento pelos agentes que sucessivamente devam atuar no processo decisório, não se pode a eles imputar responsabilidades a título de cegueira deliberada, muito menos a invocação de algo semelhante à teoria do domínio do fato.[19]

---

[19] Sobre a teoria do domínio do fato no âmbito de responsabilidade por improbidade administrativa, cf. estudo já publicado por nós: CAMMAROSANO, Márcio; NIMER, Beatriz Lameira Carrico. A Teoria do Domínio do Fato em Matéria de Improbidade Administrativa. *In*: CAMMAROSANO, Márcio (Coord.). *Controle da Administração Pública*: temas atuais II. 1. ed. Rio de Janeiro: Lumen Juris, 2016. p. 3-34.

3.3 Da relevância da boa-fé e da má-fé

Dolo, já dissemos, reclama má-fé; culpa é comportamento informado pela boa-fé. Vejamos, portanto, no que consistem a boa-fé e a má-fé.

Boa-fé: estado de espírito, disposição de ânimo de quem acredita sinceramente que está a proceder corretamente, assim como confia em que terceiros estão a proceder da mesma forma para consigo.

Age de boa-fé quem se comporta com honestidade de propósitos, sem malícia, sem maldade, sem querer enganar ninguém ou induzir alguma pessoa a erro, sem iludir, sem se valer de ardis, sem má intenção, sem dissimulação ou disfarce, sem falsidade. Comportar-se de boa-fé é proceder com intenção pura.

Má-fé: é o oposto da boa-fé. É o estado de espírito, disposição de ânimo de quem tem consciência de que está a proceder em desacordo com seu dever, objetivando a satisfação de algum interesse que provavelmente não conseguiria senão mediante atuação reprovável, consoante uma ou mais ordens normativas de comportamentos.

Age de má-fé quem induz alguém ao erro, quem procura enganar, quem se vale da dissimulação, de ardil, de mentira, da falsidade. Comportar-se com má-fé é proceder com intenção impura, viciada.

A boa-fé subjetiva é objetivada quando se concretiza em um dado proceder.

A má-fé constitui elementos subjetivos que, projetando-se, concretizando-se em algum comportamento juridicamente relevante, implicam consequências prescritas no ordenamento em vigor.

O Direito protege quem atua de boa-fé e sanciona os que atuam de má-fé.

No mundo do Direito há prescrições que atribuem relevância ao elemento subjetivo dos que atuam em desconformidade com a lei, como ocorre com normas que exigem ou não dolo para fins de culpabilidade daqueles cujo proceder tipifica ou não, objetivamente, uma ilicitude.

Em se tratando de prescrição normativa que enseja sanção em caso de dolo, esse elemento subjetivo consiste na ciência do agente de que está a proceder de forma contrária ao Direito.

Faz-se necessário então que, em face de dado comportamento objetivamente correspondente à hipótese de incidência legal, seja perquirido se aquele que assim se tenha comportado procedeu ou não com a consciência da ilicitude. Tendo havido essa consciência – elemento subjetivo –, estará caracterizado o *dolo*.

Portanto, a má-fé é indissociável do dolo. Dolo é uma das expressões jurídicas da má-fé. O dolo e a má-fé são conceitos que representam mentalmente um mesmo estado de espírito, distinguindo-se na medida em que o conceito *má-fé* é de maior extensão denotativa que o conceito de *dolo*.

Dolo é um conceito do mundo do Direito, enquanto má-fé é um conceito cujo campo denotativo alcança não apenas intenções juridicamente relevantes, mas também estados de espírito relevantes em outras ordens normativas do comportamento humano, como ordens morais, religiosas e de boa educação.

CAPÍTULO 4

PRIMEIRA SÍNTESE CONCLUSIVA

A este passo já é possível registrar, sinteticamente, as seguintes conclusões:
(i) A legislação em vigor prescreve que responsabilização por improbidade administrativa exige o elemento subjetivo dolo, assim entendida a vontade livre e consciente de alcançar um resultado ilícito tipificado nos arts. 9º, 10 e 11 da Lei nº 8.429/92, ressalvados os tipos previstos em leis especiais (Lei nº 8.429/92, com a redação dada pela Lei nº 14.230/21, art. 1º, §2º e 3º; art. 10, §2º; art. 11, §1º, 2º e 5º; art. 17, §6º, II; art. 17-C, §1º; art. 21, §2º).
(ii) Na Lei nº 8.429/92, há dispositivos que apontam para a exigência não apenas de dolo, mas dolo específico, qual seja, a exigência de que a conduta funcional do agente público tenha se dado com "o fim de obter proveito ou benefício indevido para si ou para outra pessoa ou entidade" (art. 11, §1º).
(iii) A exigência de dolo específico, que, em princípio, seria restrita aos casos de improbidade tipificados no art. 11, resta ampliada para quaisquer atos tipificados como improbidade por força de disposição expressa, qual seja, o §2º do próprio art. 11, assim redigido: "Aplica-se o disposto no §1º deste artigo a quaisquer atos de improbidade administrativa tipificados nesta Lei e em leis especiais e a quaisquer outros tipos especiais de improbidade administrativa instituídos por lei. (Incluído pela Lei nº 14.230, de 2021.)".
(iv) As inovações legislativas concernentes ao dolo, como indispensável à configuração de improbidade administrativa, e com maior rigor tipológico, nada tem de inconstitucionais,

resultando indevidos os esforços de inconformados com o que restou decidido pelo legislador competente no trato da matéria, que falam em retrocesso.

(v) Não há nenhum retrocesso, mas exitoso esforço em fazer respeitar os princípios do Direito sancionador e o sentido que se há de extrair da expressão constitucional *improbidade*, incompatível com a modalidade culposa, em boa hora extinta. De resto, corrupção continua sendo crime nos termos da legislação penal de todos conhecida.

(vi) Em rigor, e como sempre sustentamos, inconstitucional era a previsão de improbidade culposa e a ausência de maior rigor tipológico das hipóteses de improbidade, o que atentava contra princípios maiores como os de isonomia, tipicidade, segurança jurídica, razoabilidade, dignidade da pessoa humana, enfim.

CAPÍTULO 5

PRINCÍPIOS CONSTITUCIONAIS DO DIREITO ADMINISTRATIVO SANCIONADOR

5.1 Princípios jurídicos como normas impostergáveis

O art. 1º da LIA prescreve, no §4º, que "aplicam-se ao sistema da improbidade disciplinado nesta Lei os princípios constitucionais do Direito Administrativo Sancionador".

Já havíamos, linhas atrás, anotado a importância do conceito de sistema no mundo do Direito, que não consiste em um amontoado de normas jurídicas, consubstanciadas em textos legais, como se estes pudessem ser adequadamente conhecidos como discursos isolados, compartimentos estanques.

Como conceito geral ou filosófico, sistema pode ser definido como "um conjunto de conhecimentos ordenados segundo princípios",[20] formulação esta, por todas, que revela as duas características fundamentais dessa categoria epistemológica: ordenação e unidade.

A metodologia jurídica se vale da concepção sistemática do Direito, reconhecendo-o como ordenação informada por princípios fundamentais que lhe conferem unidade, complementam-se e limitam-se reciprocamente, desdobrando-se em subprincípios.

Atento à concepção sistemática do Direito e ao valor metodológico dos princípios, andou bem o legislador ao prescrever a aplicabilidade ao sistema de improbidade administrativa dos princípios constitucionais do Direito Administrativo Sancionador.

---

[20] KANT, Immanuel. *Wörterbuch der philosophischen Begriffe. In*: CANARIS. Op. cit., p. 10.

Em rigor, o disposto no art. 1º, §4º, acima transcrito, cumpre uma finalidade didática, pois, mesmo no silêncio da lei, o sistema de responsabilização por improbidade não poderia ser adequadamente compreendido senão como informado por princípios constitucionais do Direito sancionador em geral, que se projetam em variados ramos do Direito, entre eles o Direito Administrativo.

A lei não quer reduzir direitos de acusados por improbidade ao se reportar ao Direito Administrativo Sancionador, mas melhor e expressamente garanti-los.

Todavia, no trato dessa matéria, não se pode ignorar que, além dos princípios expressos, deve-se reconhecer a existência de princípios implícitos, projeções de outros princípios cardeais, como os do Estado de Direito Democrático, da dignidade humana, da segurança jurídica e outros mais.

A propósito, impõe-se recordar que a própria Constituição da República reza que "os direitos e garantias expressos nessa Constituição não excluem outros decorrentes do regime e dos princípios por ela adotados, ou dos tratados internacionais em que a República Federativa do Brasil seja parte" (art. 5º, §2º).

Assim é que não se pode tratar de improbidade administrativa sem considerar, e com suas impostergáveis projeções, princípios insculpidos na nossa Lei Maior, entre eles os do art. 37, *caput*, e outros extraíveis do sistema constitucional, inclusive do art. 5º da Constituição, ainda que alguns estejam reportados, na sua letra, a ramos outros do Direito que não o administrativo. É que se pode e deve considerar a existência de princípios informadores do Direito sancionador geral, que se espraiam por todo o ordenamento, sem embargo de algumas nuances e refrações ditadas pelas especificidades de cada ramo do Direito que, todavia, se relacionam, em alguma medida, como partes componentes de um todo.

Princípios jurídicos são normas jurídicas de elevadíssimo grau de generalidade, abstração e consequente abertura denotativa,[21] com

---

[21] Quanto à distinção entre espécies normativas – regras e princípios –, já anotamos, em inicial tratamento do tema: "Com efeito, generalidade, abstração – e, acrescentamos nós, grau de abertura denotativa – são notas características intrínsecas de certas normas jurídicas, características nelas mesmas residentes, e que se projetam para fins de definição do seu sentido, alcance e aplicação. Exatamente porque certas normas ostentam aquelas características, em maior ou menor grau, é que se pode, consequentemente, falar em mandamentos de otimização, ponderação, dimensão de peso, ideais ou 'diretrizes valorativas a serem atingidas'". Cf. CAMMAROSANO, Márcio. Ainda há sentido em se falar em regime jurídico administrativo? *In*: MOTTA, Fabrício; GABARDO, Emerson (Coord.). *Crise e*

algumas características que os diferenciam das normas-regra. Quanto ao antecedente de uma norma-princípio, quanto à sua hipótese de incidência, muitas vezes implícita, não há predeterminação formal específica rigorosa e tipologicamente fechada de situação ou fato que, se ocorrer, implicaria sua incidência. Quanto ao mandamento, não há, geralmente, predeterminação de um específico e preciso comportamento devido para além da prescrição de uma genérica permissão, proibição ou obrigação. Quanto ao consequente, não há, em norma-princípio, predeterminação formal de específica consequência, sancionatória, por exemplo, na hipótese de não observância do mandamento, ressalvada a possibilidade de que uma regra prescreva algo nesse sentido.

Segue-se que as referidas notas características intrínsecas a normas-princípios – elevadíssimo grau de generalidade, abstração e abertura denotativa –, características nelas mesmo residentes, é que nos permitem dizer que constituem mandamentos de otimização, que têm dimensão de peso, que consubstanciam ideias ou "diretrizes valorativas a serem atingidas", que são aplicáveis mediante ponderação.[22]

O campo de incidência de princípios é dotado de grande abertura, razão pela qual situações há que se subsumem à incidência convergente de mais de um princípio, *prima facie*, não raro apontando para soluções diferentes ao se considerar cada qual isoladamente, conflitos elimináveis mediante a técnica da ponderação, a qual, ao contrário do que se costuma dizer, não exclui a técnica do silogismo jurídico.

Em verdade, o raciocínio silogístico, no Direito, pressupõe a definição das premissas maior e menor. A maior consiste na norma a aplicar uma vez conhecida a situação de fato, o comportamento que à determinada norma se deva considerar subsumido. Ora, em se considerando a possível subsunção, *prima facie*, de uma situação ou comportamento a mais de uma norma-princípio, apontando cada qual, *per se*, para soluções conflitantes, a técnica da ponderação possibilitará fixar, em face da incidência plúrima de princípios, aquele a que se deverá atribuir maior peso e que se terá então como premissa maior. A técnica

---

reformas legislativas na agenda do Direito Administrativo: XXXI Congresso Brasileiro de Direito Administrativo. Belo Horizonte: Fórum, 2018. p. 141-151.

[22] Nesse sentido, mais uma vez, ver o trabalho de nossa autoria: CAMMAROSANO, Márcio. Ainda há sentido em se falar em regime jurídico administrativo? *In*: MOTTA; GABARDO. Op. cit., p. 147. A bem da verdade, José Afonso da Silva, com inegável acerto, já anotara que Robert Alexy, ao reduzir a definição de princípio a "mandamentos de otimização", destaca "o resultado, não a diferença específica" que, dizemos nós, há de ser encontrada nas características mesmas da norma, como assinalamos acima (*In*: *Teoria do Conhecimento Constitucional*. São Paulo: Malheiros, 2014. p. 640-641).

da ponderação não é de lógica formal, silogística, mas substancialmente argumentativa, compreendendo inclusive valorações para que, a final, seja este ou aquele princípio proclamado como o de maior peso.

Definida a premissa maior – norma-regra ou norma-princípio – e a premissa menor, poder-se-á levar a bom termo o raciocínio jurídico silogístico, que pressupõe o labor exegético e, se for o caso, também a ponderação, para a fixação da premissa maior.

Princípios jurídicos são, destarte, normas explícitas e implícitas no ordenamento, que por ele se espraiam como seiva que o alimenta, possibilitando melhor intelecção do sentido e alcance de suas prescrições e de sua racionalidade, instrumentalizando também a colmatação de lacunas, potencializando, enfim, de forma sistematicamente consistente, suas propriedades deônticas por aquelas impregnadas.

A juridicidade dos princípios não decorre senão de sua consagração, e nos termos em que se dá, no Direito posto, que expressa obviamente as preferências e/ou concepções ideológicas, morais e de justiça dos que o produzem, consoante dada hierarquia de valores que adotam – valores como qualidades abstratas que atribuímos às coisas[23] – e que se decidem por prestigiar juridicizando-os.

Esse inexorável conteúdo axiológico do Direito,[24] impõe-se registrar, não faz depender sua validade do juízo crítico, valorativo, que o estudioso dele possa fazer, baseado nas próprias preferências e convicções quanto ao que seja ou não moral ou justo. Valem, portanto, juridicamente, os valores objetivados no Direito posto, os quais, reportados ao exercício da função administrativa, deonticamente, consubstanciam a moralidade administrativa como bem juridicamente relevante.

5.2 Princípios constitucionais do Direito Administrativo Sancionador

5.2.1 Direito Administrativo Sancionador; imperativos de Segurança Jurídica (Constituição da República e Lei de introdução às normas do Direito brasileiro)

A expressão "Direito Administrativo Sancionador" diz respeito à aplicação de sanções administrativas.

---

[23] TELLES JUNIOR, Gofredo. *Ética*. São Paulo: Juarez de Oliveira, 2004. p. 227 e s.
[24] Para melhor compreensão, ver: REALE, Miguel. *Filosofia do Direito*. 16. ed. São Paulo: Saraiva, 1994. p. 351 e s.

O conceito de sanção administrativa tem sido objeto de divergências consoante os que dela se ocupam adotem, para efeito de classificação das sanções, este ou aquele fator ou critério de classificação das variadas espécies de consequências desfavoráveis àqueles aos quais se imputa violação de norma jurídica.

Autores há que adotam um critério material ou substancial, classificando as sanções em face da natureza do seu conteúdo.

Outros estudiosos da matéria há que adotam um critério formal, consistente no regime jurídico da aplicação da sanção.

Sanções há as mais variadas possíveis, desde uma advertência ou repreensão, uma obrigação de ordem pecuniária (multa), uma suspensão, interdição ou mesmo sacrifício de direitos, e mesmo privação da liberdade. Esta última espécie de sanção é passível de ser aplicada somente a pessoas físicas.

Sanções há que se submetem a regimes jurídicos diferenciados de aplicação, ainda que substancialmente semelhantes quanto ao seu conteúdo ou sua substância. Há sanções pecuniárias e restritivas de direitos previstas igualmente em normas de Direito Penal, administrativo, urbanístico, ambiental, tributário, eleitoral e outras mais.

Uma multa ou suspensão de direitos pode, consoante a natureza da norma violada, ser aplicada sob regimes jurídicos diferenciados. Assim, exemplificando, a multa a ser aplicada por violação a dispositivo da legislação criminal há de ser aplicada pelo Judiciário, ao ensejo de uma ação penal, enquanto a multa por infração a norma disciplinadora do trânsito há de ser aplicada por autoridade exercente de função administrativa, mediante processo administrativo.

Como ao jurista o que importa, na lição de Celso Antônio Bandeira de Mello,[25] é identificar o regime jurídico a que se submete este ou aquele fato, situação, comportamento, bem como as consequências prescritas em normas jurídicas, adotamos, como critério classificatório das sanções, o regime jurídico de sua aplicação, compreensivo da identificação da autoridade competente para fazê-lo e como deve proceder no processo de formação de sua vontade decisória.

Nessa ordem e nesse raciocínio, temos para nós que o critério decisivo para classificar uma sanção, quanto à sua natureza jurídica, é o critério formal, do regime jurídico a que está submetida.

---

[25] BANDEIRA DE MELLO, Celso Antônio. *Curso de Direito Administrativo*. 35. ed. São Paulo: Malheiros, 2021. p. 75.

Sanção administrativa é, pois, aquela a ser aplicada no exercício da função administrativa, mediante processo administrativo, e não no exercício da função judicial, mediante processo de natureza civil, penal, eleitoral, entre outros, independentemente do aspecto substancial da sanção, como sua natureza pecuniária ou restritiva ou ablativa de direitos.

Destarte, o denominado Direito Administrativo Sancionador é aquele segmento do Direito Administrativo que se ocupa da atividade sancionatória do Estado, ou de quem lhe faça as vezes, no exercício da função administrativa, vale dizer, sob o sistema ou regime jurídico administrativo.[26]

Assim, o que o art. 1º, §4º, da LIA está a prescrever é que a responsabilização de quem quer que seja, sob a égide desse sistema especificamente considerado, há de ser obsequiosa a princípios constitucionais do Direito sancionatório que se espraiam pelo Direito administrativo no que concerne à aplicação de sanções ao ensejo, evidentemente, da função administrativa.

Princípios *constitucionais* de Direito Administrativo Sancionador, exatamente porque constitucionais – explícitos e implícitos –, são hierarquicamente superiores a quaisquer disposições infraconstitucionais que aos princípios da Lei Maior devem ser obsequiosas e ser interpretadas de sorte a prestigiar referidos princípios, e não amesquinhá-los. Esses princípios também são impostergáveis diante da constatação de eventuais lacunas na legislação, mesmo porque são normas jurídicas, de caráter prescritivo, portanto.

Impõe-se agora relacionar os princípios *constitucionais* informadores do Direito Administrativo Sancionador, com ênfase em alguns que reclamam maior atenção, por encerrarem mesmo algumas dificuldades e divergências quanto ao seu sentido e alcance.

Sejam quais foram esses princípios, com suas impostergáveis projeções, não se pode perder de vista que sanções por improbidade administrativa submetem-se a regime jurídico próprio. Não são sanções criminais, administrativas ou cíveis. Constituem sanções inconfundíveis, em razão mesmo da especificidade de seu regime jurídico, sem embargo da incidência de princípios constitucionais comuns ao Direito Sancionatório em geral, muitos dos quais projeções de princípios cardeais que se espraiam por variados campos do Direito, não obstante a

---

[26] Recomendamos, novamente, a leitura do nosso texto a respeito de regime jurídico administrativo, CAMMAROSANO, Márcio. Ainda há sentido em se falar em regime jurídico administrativo? *In*: MOTTA; GABARDO. Op. cit., p. 141-151.

existência de normas que, na sua letra, possam induzir os menos avisados a considerá-los incidentes apenas neste ou naquele ramo do Direito. Imperativos de ordem sistemática devem orientar o intérprete de prescrições jurídico-normativas, especialmente principiológicas, cujo alcance se espraia para além do contido na sua letra, mormente aqueles que constituem projeções de direitos e garantias fundamentais inerentes à própria concepção de um Estado de Direito Democrático e dos valores maiores que, por decisão do Constituinte, o estão a plasmar.

Ao tratar de princípios constitucionais do Direito Administrativo Sancionador, impõe-se reconhecer que há prerrogativas e direitos titularizados pelas autoridades competentes para requerer a aplicação de sanções e aplicá-las, e direitos das pessoas às quais se imputa responsabilidade.

As sanções administrativas são aplicáveis por autoridade no exercício de função administrativa, sob o regime jurídico administrativo. A imputação de responsabilidade, o processo que se instaura e a decisão ocorrem em sede administrativa, sem embargo de se sujeitarem a controle judicial.

Sanções por improbidade, no sistema da lei de que estamos a tratar, são aplicáveis ao ensejo de ação judicial que se propõe e desenvolve nos termos da legislação processual civil. São aplicadas, portanto, em sede judicial.

A ação é proposta pelo Ministério Público ou pela pessoa jurídica interessada, já que a legitimidade desta restou assegurada por liminar concedida no âmbito do Supremo Tribunal Federal e referendada pelo Plenário da Corte.[27]

Consideradas essas especificidades de sanções administrativas e por improbidade, algumas das quais também substancialmente diferentes, vejamos, afinal, quais princípios constitucionais informam o Direito Administrativo Sancionador e, também, informam a responsabilização por improbidade administrativa.

Celso Antônio Bandeira de Mello, em mais uma de suas lições inolvidáveis, anota que são princípios informadores de sanções administrativas o da legalidade, da anterioridade, da tipicidade, da voluntariedade, da proporcionalidade, do devido processo legal e da motivação.[28]

---

[27] STF. ADI nº 7042/DF e nº 7043/DF. Relator Ministro Alexandre de Moraes. Plenário. Julgado em 31.08.22.
[28] BANDEIRA DE MELLO. Op. cit., p. 810 e s.

De nossa parte, sustentamos que, além dos referidos princípios, é de se acrescentar os da culpabilidade, não bastando a mera voluntariedade do proceder com ofensa à ordem jurídica, e o princípio da isonomia. A cada qual dedicaremos algumas palavras, com maior detença em alguns deles e em outros princípios constitucionais cardeais de que promanam.

Bem analisada a questão dos princípios, ressaltamos que todos os que foram referidos, e outros cardeais a serem mencionados, são princípios integrantes do nosso sistema constitucional ou, quando menos, projeções necessárias deles e, portanto, princípios condicionadores também da responsabilização por improbidade administrativa.

5.2.2 Princípios da legalidade e anterioridade

O princípio da legalidade, ínsito no princípio democrático, princípio por excelência do nosso Estado de Direito, conformado pela Constituição da República de 88 e expressamente referido no art. 37, *caput*, da nossa Lei Maior, tem sua densidade normativa realçada no art. 5º, II, da mesma Lei Fundamental.

Em matéria de improbidade, dúvida não pode haver no sentido de que só a lei pode qualificar como ímprobo este ou aquele comportamento que venha a descrever, sem o que haverá ofensa ao princípio fundamental da segurança jurídica. É cediço que em um Estado Democrático as pessoas têm o direito de poder saber, antecipadamente, quais são as consequências dos seus possíveis comportamentos.

As sanções por improbidade, das mais graves, só podem ser as previamente cominadas em lei, assim como se exige, para qualificar dado tipo de comportamento como ímprobo, *lei anterior* que o descreva, questão essa que reclama considerações mais alentadas quanto ao princípio da tipicidade.

De resto, quanto à exigência de lei prévia para qualificar dado comportamento como ímprobo, bem como saber qual sanção aplicar, a lei em vigor é obsequiosa aos princípios constitucionais que acabamos de referir.

5.2.3 Princípio da tipicidade

Não obstante a objetiva prescrição da exigência de tipicidade para configuração de improbidade, expressamente consignada na lei, com sua nova redação, faz-se recomendável alguma digressão teórica a respeito.

Com efeito, antes de se exigir, expressamente, a tipicidade para configuração de improbidade, não era raro ouvir de alguns estudiosos e operadores do Direito que a invocação da exigência de tipicidade só cabia em matéria criminal, por força do princípio da legalidade dos delitos e das penas (art. 5º, XXXIX)[29] e da própria definição de crime como sendo o fato *típico*, antijurídico e culpável.

Posições como essa refletem desconhecimento de lições elementares de filosofia e Teoria Geral do Direito, de Direito constitucional e mesmo de Direito sancionador.

Miguel Reale,[30] com inexcedível precisão e clareza, professa:

> De todas as formas de experiência humana, o Direito é a que mais exige forma predeterminada e certa em suas regras. Não se compreende o Direito sem um mínimo de legislação escrita, de certeza, de tipificação da conduta e de previsibilidade genérica. Isto porque o Direito, ao facultar-lhe a possibilidade de escolha entre o adimplemento ou não de seus preceitos, situa o obrigado no âmbito de uma escolha já *objetivamente* feita pela sociedade, escolha esta revelada através de um complexo sistema de *modelos*.

Mais adiante, continua Reale:[31] "O Direito, portanto, exige *predeterminação formal*, sendo o modelo legal a expressão máxima dessa exigência, o que explica seu êxito".

E segue dizendo Reale:[32]

> Não existe, na esfera moral, a predeterminação formal das regras ou dos órgãos destinados a declarar seu conteúdo rigoroso, como se verifica no mundo jurídico, onde a tipicidade não deve ser vista apenas nos domínios do Direito Penal.
>
> É natural, com efeito, que cuidadosa e prudentemente se certifique o Direito, sem apego a fórmulas estereotipadas e inúteis, mas também sem horror descabido à forma que lucidamente enuncie o lícito e o ilícito, a fim de prevenir e evitar os abusos e distorções do Poder.
>
> A Moral, fundada na espontaneidade e insuscetível de coação, pode dispensar a rigorosa tipicidade de seus imperativos que, aliás, não devem, por sua natureza, se desdobrar em comandos casuísticos. O

---

[29] Art. 5º (...)
(...)
XXXIX – não há crime sem lei anterior que o defina, nem pena sem prévia cominação legal;
[30] REALE. Op. cit., p. 709.
[31] REALE. Op. cit., p. 709.
[32] REALE. Op. cit., p. 709-710.

Direito, ao contrário, disciplinando e discriminando "classes de ações possíveis", deve fazê-lo com rigor, numa ordenação a mais possível lúcida de categorias e *modelos normativos*.

Quanto à importância do tipo para o Direito e a ciência do Direito, recomendamos enfaticamente a leitura também das lições de Karl Larenz.[33]

Convém também anotar que é cediço que as leis contêm disposições prescritivas dotadas quase sempre de generalidade e abstração. Diz-se genérica a norma que tem como destinatários uma categoria de pessoas, como as que prescrevem a agentes público alguma proibição ou obrigação. Já a característica da abstração diz respeito à situação-tipo descrita na hipótese de incidência da norma e que seja passível de reprodução, como o servidor faltar ao serviço injustificadamente por mais de trinta dias consecutivos ou cometer falta grave.

Vê-se, portanto, que a hipótese de incidência da norma consiste na descrição de um tipo de comportamento ou situação, tipo que pode ser, em tese, mais fechado, objetivamente delimitado, ou mais aberto, com denotação mais ampla, vaga, imprecisa – mas sempre um tipo, que pode possuir graus variáveis de precisão ou imprecisão, isto é, ensejam maior ou menor certeza, segurança quanto à identificação dos comportamentos ou situações que a ele se subsumam.

Em matéria sancionatória, quanto mais severa é a sanção prescrita, maior deve ser a precisão tipológica, para que os destinatários da norma tenham maior segurança quanto ao comportamento que devem evitar ou adotar para que não sejam punidos e, também, para que a decisão que aplique sanção não seja eivada de subjetivismos caprichosos. Quanto mais fechado o tipo, menos campo para subjetivismos e maior segurança, princípio jurídico a ser prestigiado.

Nada a estranhar, portanto, quanto à prodigalidade com que a lei de improbidade se refere à exigência de tipicidade, corolário dos princípios constitucionais da segurança jurídica, da legalidade, entre outros que, não obstante associados de plano ao Direito Penal e tributário, se espraiam por outras searas do Direito, especialmente em matéria sancionatória, ainda que se admita, para efeito de aplicação de sanções brandas, tipos mais abertos, como técnica de ordenação do comportamento.

---

[33] LARENZ, Karl. *Metodologia da Ciência do Direito*. Trad. José Lamego. 5. ed. Lisboa: Calouste Gulbenkian, 2009. p. 187 e s., 655 e s., 660 e s.

O inadmissível, em matéria sancionatória de superlativa gravidade, pelo cometimento de crimes e improbidade, é furtar-se o legislador de descrever tipos comportamentais ilícitos, referindo-se apenas à violação de princípios gerais de amplíssima e rarefeita denotação ou a valores abstratos, tão somente. A lei que se permita valer-se dessa técnica abusiva, de burla à exigência de razoável predeterminação formal do que é obrigatório ou proibido, para fins de cominação de sanções as mais severas, está eivada de irremediável inconstitucionalidade, como estava, a nosso ver, o art. 11 da LIA, na sua redação original.

5.2.4 Princípio da voluntariedade e da culpabilidade; a dignidade humana

Quanto à exigência de voluntariedade do comportamento ofensivo à ordem jurídica e que se subsuma a um dos tipos ou subtipos da lei de improbidade – arts. 9º, 10 e 11 –, trata-se, a nosso ver, de requisito indispensável, necessário, mas não suficiente para a promoção de responsabilidades, seja de que natureza for, a menos que a lei estabeleça expressamente hipótese de responsabilidade objetiva. Nesse sentido, é impostergável, como regra em matéria sancionatória, inclusive administrativa, a demonstração da culpabilidade, isto é, da existência de dolo ou culpa daquele a quem se imputa o cometimento de alguma ilicitude.

Assim, é sobre a culpabilidade, como princípio constitucional informador do Direito sancionador, que devemos dizer algumas palavras, o que reclama algumas considerações prévias quanto ao pressuposto essencial de qualquer responsabilização jurídica, qual seja, a voluntariedade do proceder, fundada no livre-arbítrio.

Alguns autores dão como exemplo de responsabilidade objetiva aquela que enseja multa de trânsito. Não é. Em rigor, a autuação é que se dá por objetiva constatação de uma infração de trânsito, mas para aplicar a sanção há um processo administrativo com a inversão do ônus da prova, para que o acusado de cometê-la possa, querendo, provar a ausência de sua culpabilidade ao ensejo do processo administrativo sancionatório, ou mesmo a não ocorrência da infração, ou a não autoria.[34]

A *vontade*, o querer racionalmente no exercício do livre-arbítrio, é indissociável do ser humano, diz respeito à sua natureza como integrante do mundo animal, diferenciando-se pela elevada capacidade mental de raciocinar abstratamente e de autodeterminar-se, assim como

---

[34] Código Nacional de Trânsito – art. 281 e seguintes.

valorar comportamentos, seus e de seus semelhantes. Como diz Miguel Reale, o ser humano é fonte de todos os valores. É capaz de conduzir-se com consciência da possível reprovabilidade de seu proceder, em face de pautas de variada natureza, entre elas as morais e jurídicas.

No mundo do dever-ser, ao qual pertencem as normas jurídicas, a relevância da vontade livre é fundamental. Sem liberdade, sem capacidade mental de fazer escolhas e conduzir-se consoante o que se tenha decidido fazer ou deixar de fazer, não há responsabilidade, como já dissemos linhas atrás.

Segue-se que, se alguém se comporta sob coação irresistível, ou desprovido de suas faculdades mentais, ou por força de reações involuntárias, instintivas ou orgânicas, nem se põe a questão de sua possível responsabilização; mas se o proceder for decorrente do exercício do livre-arbítrio, essa circunstância será ou não o suficiente para implicar responsabilidade, consoante estiver prescrito no ordenamento jurídico.

A regra é a de que só haverá responsabilidade se, somada ao exercício do livre-arbítrio, houver culpa, no sentido lato da expressão, isto é, proceder com dolo ou culpa em sentido estrito, caracterizado o dolo pela intenção viciada pela má-fé, pela consciência de que se está a se comportar de forma ofensiva ao Direito, e a culpa, pela ausência de intenção viciada pela má-fé, mas reprovável o proceder porque revelador de imprudência, negligência ou imperícia.

Ora, a interpretação sistemática dos dispositivos jurídico-normativos pertinentes, direta ou indiretamente, a essa matéria nos leva a concluir que a regra é a responsabilidade por culpa *lato sensu*, responsabilidade subjetiva. A responsabilidade objetiva é a exceção, só existente nos casos expressamente previstos em lei.

Militam em favor desse entendimento variados argumentos, em especial o relacionado com a assertiva de que a pessoa é fonte de todos os valores, como o valor do *bem* e seu oposto, o desvalor do *mal*.

Não há, portanto, como negar relevância à reprovabilidade, maior ou menor, do comportamento humano, do seu querer, da sua vontade, das razões que contribuem para sua formação. Vontade que pode estar ou não viciada por propósitos ou escopos inconfessáveis, ofensivos à ordem jurídica, eivados ou não de má-fé, mas determinante de comportamentos reprováveis em face do Direito vigente.

A exigência de algum grau de reprovabilidade comportamental, tendo como referência valores juridicizados, funda-se, em última análise, no princípio constitucional maior da dignidade humana, que informa também o exercício da função pública consistente na aplicação de sanções como, entre outras, as penais, administrativas e por improbidade.

Falar em dignidade é falar em valores, dos quais o ser humano é fonte, razão pela qual não pode ser equiparado, ao comportar-se desta ou daquela forma, a uma mera causa de efeitos ou resultados pelos quais deva juridicamente responder, com abstração de possíveis juízos quanto à maior ou menor reprovabilidade do seu proceder, tendo como referência, repita-se, valores juridicizados em face dos quais se reconhece o inevitável conteúdo axiológico do Direito.

A dignidade da pessoa humana,[35] referida no art. 1º, II, da Constituição, universalmente reconhecida e proclamada em todo o mundo, é um dos fundamentos da República Federativa do Brasil.

Trata-se de um atributo do ser humano consistente no seu intrínseco valor como pessoa, merecedora de respeito nas suas dimensões físico-anímicas, individual e coletiva, sujeito de direitos fundamentais impostergáveis. Constitui projeção de sua existência natural, dotada de racionalidade, livre-arbítrio, singularidade, sociabilidade e reconhecida cada pessoa como igual a todas as outras. Igual em face, portanto, de seus semelhantes, do Estado e quaisquer outras instituições públicas e privadas, nos termos assinalados no ordenamento jurídico.

O ser humano é também sujeito de deveres consoante sua capacidade física e mental, intelectual, de discernimento, em face das normas disciplinadoras da convivência humana, assegurada sua participação, direta ou por seus representantes, na produção daquelas informadas pela coercibilidade institucionalizada, que compõem o ordenamento jurídico.

A dignidade da pessoa humana, juridicizada como princípio, projeta-se em todos os ramos do Direito, entre eles o sancionador, condicionando a responsabilidade pessoal, como regra, à exigência de culpabilidade, exceto quando expressamente admitida responsabilidade objetiva, que não pode ser presumida nem banalizada.

Sem embargo, enquanto princípio jurídico-constitucional, consagrador do reconhecimento do estágio atual de um longo processo evolutivo-cultural da humanidade, o sentido e o alcance da dignidade do ser humano devem ser compreendidos à luz do sistema constitucional em vigor. Assim, é indispensável sua composição com outros princípios e regras constitucionais que contribuem para sua adequada intelecção, em face mesmo de a palavra "dignidade", de expressão verbal de um conceito relativamente indeterminado, tratar-se de

---

[35] Ver Declaração Universal dos Direitos Humanos, adotada e proclamada pela Assembleia Geral das Nações Unidas (Resolução nº 217 A-III) em 10 de dezembro de 1948.

representação mental de um *valor*, por definição qualidade abstrata que atribuímos ao ser humano. Como valor, está sujeito a condicionamentos histórico-culturais-evolutivos, próprios da condição humana.

Nessa ordem de raciocínio, pessoas que igualmente consideram a dignidade um atributo inalienável do ser humano, não raro divergem quanto às suas projeções concretas baseadas em convicções religiosas, morais, ideológicas e mesmo jurídicas. Daí por que a conformação jurídica da dignidade humana há de ser compreendida sob a perspectiva desse sistema normativo, procedendo-se à composição das normas jurídico-constitucionais sob perspectiva unitária.

À luz do sistema jurídico-nacional, temos para nós que o comportamento humano enseja responsabilidade, se for ilícito, na medida da culpabilidade, do agente, da reprovabilidade do seu proceder, e não tão somente do fato do proceder em si mesmo considerado, salvo situações excepcionalíssimas, expressamente previstas em lei.

O comportamento humano não pode ser considerado, para fins de responsabilidade jurídica, mera causa de efeitos ou consequências, desprezando-se a intenção de quem se comporta desta ou daquela forma.

Fatos causadores de efeitos ou consequências, no mundo da natureza, são insuscetíveis de juízos de valor quanto à sua reprovabilidade ou não, indissociável da ação humana sob a égide não da lei da causalidade pura e simplesmente, mas do livre-arbítrio, da autodeterminação.

Como fonte de todos os valores, como pessoa, e assim dotada de dignidade, o ser humano, ao comportar-se, é suscetível de juízos quanto à reprovabilidade ou não do seu proceder, juízo esse que há de ser considerado impostergável para efeito de sua responsabilização jurídica, mormente sancionatória, em face mesmo de uma das principais razões de ser da sanção, qual seja, sua finalidade educativa. Pune-se alguém para que seja reeducado, e na medida, na proporção da maior ou menor reprovabilidade do seu proceder.

A maior ou menor reprovabilidade do proceder humano reside exatamente na intenção de quem atua, no grau de consciência que tenha de estar se comportando em descompasso com seu dever.

O elemento subjetivo com que se age é indicador de sua inclinação consciente para o bem – virtude – ou para o mal – vício. A virtude deve ser premiada; o vício, sancionado. Essa é a regra do mundo do dever-ser, da moral e do Direito.

A pureza ou não das intenções é da maior importância no mundo do dever-ser em geral, no mundo do Direito em particular, que costuma prescrever consequências diferentes consoante um dado comportamento esteja informado pela boa-fé ou pela má-fé, seja no que concerne à aquisição e fruição de direitos, seja no que concerne à aplicação de sanções da mais variada natureza. É em face da presença ou não da intenção de proceder em desconformidade com seu dever, disso estando ou não ciente, que repousa a distinção entre ilícitos por querer e sem querer, para usar uma linguagem não técnica. Essa distinção permeia todo o Direito, explícita e implicitamente, fundada na distinção entre má-fé e boa-fé. E é essa distinção, justificadora de tratamento diferenciado, que deve prevaler sob pena de, tratando igualmente os desiguais, ofender o princípio jurídico cardeal da isonomia.

Em matéria de vícios de atos jurídicos, passíveis de ensejar ao menos invalidação, estão o erro, o dolo, a coação, a simulação e a fraude. Em matéria de sanções, é de relevância a distinção entre *dolo* e *culpa*, elementos subjetivos reveladores, respectivamente, de má-fé ou boa-fé.

Em rigor, em face de uma ilicitude, a regra é estar a responsabilização do agente condicionada à sua culpabilidade – haver atuado dolosa ou culposamente[36]. Ainda assim, é usual qualificar como de maior gravidade, como se impõe, ilícitos dolosos – em que há intenção viciada – e, com menor gravidade, mesmo desqualificando para certos efeitos, os ilícitos meramente culposos em sentido estrito, em que não há vício na intenção, mas imprudência, negligência ou imperícia.

O fato de a lei, em certos casos, e na proteção de determinados bens jurídicos, prescrever responsabilidade objetiva – independentemente de dolo ou culpa – reafirma que a regra é a responsabilidade subjetiva, sendo a responsabilidade objetiva a exceção, demandando expressa e inequívoca previsão legal.

As pessoas em geral, dotadas de razão e livre-arbítrio, manifestam-se, comportam-se, voluntariamente, e não de forma instintiva, ou sob coação, ou sob estados patológicos, privados de higidez mental.

Comportando-se voluntariamente, podem fazê-lo em consonância ou não com a ordem jurídica, cientes ou não da ilicitude do seu proceder.

Eventuais ofensas à ordem jurídica, ao comportarem-se voluntariamente, podem ser decorrentes de proceder com a consciência ou não da antijuridicidade do comportamento ou do resultado a que venha a dar causa.

Havendo consciência, estará caracterizado dolo. Não havendo essa consciência, ou não tendo sido desejado o resultado antijurídico,

---

[36] Convém enfatizar: em matéria de responsabilidade, a regra é a exigência de culpabilidade, responsabilidade subjetiva, nas modalidades dolosa ou culposa em sentido estrito.

dolo não existirá, podendo ter havido culpa se demonstrada imprudência, negligência ou imperícia.

A voluntariedade do proceder não configura, por si só, dolo. Para que haja dolo, genérico ou específico, há de estar presente o elemento subjetivo intenção viciada, má-fé. Dolo não é sinônimo de vontade, mas de vontade viciada pela intenção reprovável.

A mera voluntariedade do proceder e sua ilicitude são requisitos necessários, mas não suficientes para que exista *dolo*, genérico ou específico, direto ou eventual.

Se a lei, excepcionando o que se põe como regra, faz emergir responsabilidade da mera voluntariedade do proceder, somada à ilicitude, seja da ação ou omissão causal, seja do efeito ou resultado do proceder, estaremos diante de *responsabilidade objetiva*.

Concluindo: salvo expressa previsão de responsabilidade objetiva, o que se põe é a responsabilidade subjetiva. Quanto à responsabilidade subjetiva, a não distinção, especialmente para efeitos sancionatórios, entre dolo e culpa, é atentatória ao princípio da isonomia e, em última análise, à dignidade da pessoa humana. Sem dolo não se pode qualificar ilicitudes como configuradoras de improbidade, como prescreve, acertadamente, a lei em vigor, sem prejuízo de responsabilização à luz de outros sistemas sancionatórios, consoante o caso.

O ser humano tem dignidade, cujo respeito reclama valorar seu comportamento como bom ou mau, reprovável ou não reprovável, consoante sua intrínseca subjetividade, tendo por parâmetros valores juridicizados como a boa-fé, o que não se compadece com responsabilizações objetivas, salvo em face de expressas exceções legais, desde que estabelecidas com a devida parcimônia obsequiosas a imperativos de razoabilidade.

Resulta, pois, que um dos princípios constitucionais informadores do Direito Administrativo Sancionador, a ser observado em matéria de improbidade administrativa, é o da culpabilidade, de resto consagrado na lei respectiva que está agora a exigir expressamente *dolo*.

5.2.5 Princípio do devido processo legal

A Constituição da República prescreve:

> Art. 5º Todos são iguais perante a lei, sem distinção de qualquer natureza, garantindo-se aos brasileiros e aos estrangeiros residentes no País a inviolabilidade do Direito à vida, à liberdade, à igualdade, à segurança e à propriedade, nos termos seguintes:

(...)
XXXV – a lei não excluirá da apreciação do Poder Judiciário lesão ou ameaça a Direito;
(...)
LIV – ninguém será privado da liberdade ou de seus bens sem o devido processo legal;
(...)
LV – aos litigantes, em processo judicial ou administrativo, e aos acusados em geral são assegurados o contraditório e ampla defesa, com os meios e recursos a ela inerentes;

O princípio constitucional do devido processo legal, com várias projeções que lhe dão densidade normativa, espraiando-se por excelência pelo Direito sancionatório, tem uma longa história, que remonta ao ano de 1215, sob o reinado, na Inglaterra, de João "Sem Terra", com o advento da Magna Carta, cujo art. 39 passou a assegurar aos homens livres a inviolabilidade de direitos que só poderiam ser suprimidos nos termos da *lei da terra* (*per legem terrae* ou *law of the land*). Já em 1354, em uma lei sob o reinado de Eduardo III, o termo *per legem terrae* foi substituído pelo *due process of law*.

O referido princípio acabou por ingressar no Direito norte-americano, cuja Constituição o sacramentou com as Emendas 5ª e 14ª. Por força da 5ª Emenda, nenhuma pessoa poderia ser privada da vida, liberdade ou propriedade, sem o devido processo legal. Por força da 14ª Emenda, nenhuma pessoa teria negado o direito à igual proteção da lei.

Ao longo do tempo, a Corte Suprema dos Estados Unidos, interpretando e aplicando em casos paradigmáticos a cláusula do devido processo legal, acabou por transformá-la, para além de uma garantia processual, em uma garantia substantiva, limitadora, como professa Carlos Roberto Siqueira Castro,[37] "do próprio mérito das decisões estatais", a luz mesmo das exigências de razoabilidade e racionalidade das leis.

A cláusula/princípio do devido processo legal, com suas virtudes de garantia adjetiva (processual) e substantiva, está hoje incorporada expressamente no Direito brasileiro, também com *status* constitucional, como prescrito no supracitado art. 5º, LV, da nossa Lei Maior.

---

[37] CASTRO, Carlos Roberto Siqueira. *O devido processo legal e os princípios da razoabilidade e proporcionalidade*. Rio de Janeiro: Forense, 2006. p. 27. Os princípios constitucionais do Direito Sancionador, por força mesmo de seu *status* constitucional, condicionam o exercício de competências em matéria de improbidade, inclusive outros princípios e subprincípios que delem promanam.

Trata-se, pois, de princípio constitucional da maior envergadura que os estudiosos da disciplina normativa da responsabilização por improbidade, e os operadores desse sistema, têm que respeitar, emprestando-lhe o mais generoso alcance.

Constituem projeções de grande relevo da cláusula do devido processo legal: os princípios do juiz natural e imparcial; do contraditório e ampla defesa; da vedação de provas ilícitas; da duração razoável do processo; da motivação dos atos e decisões; da razoabilidade; da presunção de inocência; do *in dubio pro reu*; do *non bis in idem* (art. 12, §7º); da aplicação imediata da lei nova, respeitados o ato jurídico perfeito, o direito adquirido e a coisa julgada; da não ultratividade da lei revogada, salvo expressa disposição em contrário; da aplicação imediata da lei mais benéfica, inclusive quanto aos *facta pendentia*.

Cada um desses princípios e subprincípios comporta alentadas considerações, mas neste passo cumpre ressaltar apenas duas palavras a respeito do princípio *in dubio pro reu*, não restrito, como os demais, a matéria criminal. Esse princípio decorre mais diretamente do princípio da presunção de inocência (Constituição da República, art. 5º, LVII) e da previsão legal de absolvição de acusados por insuficiência de provas (Código de Processo Penal, art. 386, VII).[38]

Nunca é demais reafirmar que a referência expressa, na Constituição, de direitos e garantias a réus em ação penal constitui projeção de outros princípios cardeais de Direito sancionatório geral, que permeiam o sistema, como já proclamado em decisões inclusive de nossos Tribunais Superiores.

São princípios, portanto, que devem ser observados no subsistema de responsabilização por improbidade administrativa, de natureza sancionatória (Lei nº 8.429/92, art. 1º, §4º).

5.2.6 Princípio da isonomia

É cediço que o princípio constitucional da isonomia ou igualdade – "todos são iguais perante a lei" (Constituição da República, art. 5º, *caput*) tem duas dimensões: igualdade *perante* a lei e igualdade *na* lei.

Em sua dimensão de igualdade *perante* a lei, o sentido é o de que a lei deve ser aplicada igualmente aos seus destinatários, sem

---

[38] Art. 386 O juiz absolverá o réu, mencionando a causa na parte dispositiva, desde que reconheça: (...)
(...)
VII – não existir prova suficiente para a condenação (Incluído pela Lei nº 11.690, de 2008).

discriminações. Assim, quem quer que cometa improbidade deve ser responsabilizado nos termos da lei de regência da matéria. À característica da generalidade da lei – que tem como destinatário uma categoria de pessoas –, soma-se a de que todos os que revelem comportamento que a ela se subsumam devem igualmente submeter-se aos seus efeitos.

Em sua dimensão de *igualdade na* lei mesma, o sentido é o de que a lei não pode estabelecer discriminações caprichosas, arbitrárias, assim consideradas aquelas cujo fator de discriminação porventura adotado não guarde relação de adequação lógica com a finalidade da própria lei, que há de ser obsequiosa ao sistema, à Constituição da República, na sua letra e no seu espírito.[39]

Por fim, os princípios, como se sabe, condicionam a interpretação dos textos jurídico-normativos e o exercício de competências discricionárias, inclusive no que concerne à aplicação de prescrições que se valem dos denominados conceitos vagos, indeterminados, de acentuada abertura denotativa, compreensiva da denominada zona de penumbra. Constatada esta, decorrente das palavras da lei que expressam verbalmente conceitos vagos, a interpretação, a orientação e os critérios a serem adotados pelos responsáveis pela aplicação da lei nos casos concretos hão de ser os mesmos. Não se admite, em face da multiplicidade dos casos concretos, dotados de relevante semelhança, pesos e medidas variados, como para efeito de dosimetria na fixação de sanção, sob pena de inconstitucionalidade da decisão por ofensa ao princípio da isonomia.

5.2.7 Princípio da retroação benéfica

Discorrer a respeito de retroação ou não de lei é matéria de Direito intertemporal, inçada de dificuldades e controvérsias há muito tempo.

Há obras já clássicas que se ocupam do tema, de autores estrangeiros e nacionais. Entre os nacionais, merece especial referência a de R. Limongi França (*Direito intertemporal brasileiro*), de quem tivemos a honra de ser aluno no Largo de São Francisco, na segunda metade da década de 1960. Nessa obra, merecedora de todos os encômios, conhece-se criticamente o que até então havia de melhor na matéria, como as construções teóricas de dois mestres maiores, Gabba e Roubier, referências perenes no tema.

---

[39] Ver BANDEIRA DE MELLO, Celso Antônio. *Conteúdo jurídico do princípio da igualdade*. São Paulo: Malheiros, 1993.

Pois bem, a Lei de introdução às normas do direito brasileiro prescreve:

Art. 6º A lei em vigor terá efeito imediato e geral, respeitados o ato jurídico perfeito, o direito adquirido e a coisa julgada.

Em rigor, na ausência de disposições legais transitórias, as dúvidas de Direito intertemporal, emergentes com o advento da nova lei, hão de ser enfrentadas recorrendo-se, como previsto na própria Lei de Introdução às Normas do Direito Brasileiro, a ela mesma, cujo art. 4º reza: "Quando a lei for omissa, o juiz decidirá o caso de acordo com a analogia, os costumes e os princípios gerais de Direito".

Da conjugação dos arts. 4º e 6º da Lei de introdução às normas do Direito brasileiro (LINDB) é que se há, portanto, de enfrentar questões de Direito intertemporal decorrentes do advento da Lei nº 14.230/21, entre elas a concernente à sua retroação benéfica e, em caso afirmativo, em quais termos.

Em face do disposto no seu art. 5º, a Lei nº 14.230/21 entrou em vigor na data de sua publicação, tendo, pois, efeito imediato e geral, respeitados o ato jurídico perfeito, o direito adquirido e a coisa julgada (LINDB, art. 6º; CR, art. 5º, XXXVI).

A propósito, discorrendo a respeito da regra do efeito imediato e geral das leis, Limongi França, invocando Roubier, professa:[40]

> Portanto, quando o legislador declara que a lei em vigor "terá efeito imediato", com isso determina que a lei nova, em princípio, se aplica tanto a *facta futura* como às "partes posteriores" dos *facta pendentia*.

E mais adiante, continua:[41]

> O alcance, portanto, da regra do efeito imediato entre nós, é o de que a nova lei, em princípio, atinge as partes posteriores dos facta pendentia, com a condição de não ferir o ato jurídico perfeito, o direito adquirido e a coisa julgada.

De qualquer forma, ficam imunes à incidência da lei nova o ato jurídico perfeito, o direito adquirido e a coisa julgada, sem embargo,

---

[40] FRANÇA, R. Limongi. *Direito intertemporal brasileiro*. São Paulo: Revista dos Tribunais, 1968. p. 423.
[41] FRANÇA. Op. cit., p. 424.

como já ressalvamos, de algumas situações que configuram *facta pendentia*, fatos ou atos pretéritos em relação à lei nova, mas com efeitos por eles desencadeados que se protraem no tempo, podendo sofrer incidência imediata da lei nova, o que não se confunde com eficácia retroativa, mesmo porque se trata de incidência imediata com relação a efeitos não exauridos, ainda não consumados.

A respeito da regra da eficácia imediata da lei nova, Fabio Konder Comparato já teve a oportunidade de professar: "No atual estágio do Direito intertemporal, a problemática jurídica já não se põe em termos de irretroatividade, mas de eficácia imediata da lei". E segue: "No Brasil, não há um princípio geral de irretroatividade das leis, mas de incolumidade à lei nova do direito adquirido, do ato jurídico perfeito e da coisa julgada, o que é algo bem diverso. Esse princípio, como sabido, foi sempre inscrito, em nossa traição constitucional, no capítulo da proteção aos direitos individuais". Arrematando: "É claro que, onde não há prejuízo algum aos direitos individuais, obstáculo não existe para a edição de leis retroeficazes; com maioria de razão, se tais leis visam favorecer o indivíduo".[42]

O fato é que, respeitados o ato jurídico perfeito, o direito adquirido e a coisa julgada, a eficácia imediata e geral da lei nova é a regra. Referidas restrições à eficácia imediata e geral da lei nova também se aplicam, obviamente, com relação a leis que prescrevam eventualmente alguma eficácia retroativa, que só se pode admitir se for para favorecer uma categoria de destinatários, jamais para prejudicá-los ou a outrem com situação jurídica já consolidada de forma irreversível, como imperativo de segurança jurídica.

Nessa linha de raciocínio, nada obsta a consagração, em nosso Direito, de forma explícita ou implícita, da admissibilidade da retroatividade benéfica, princípio este que se projeta expressamente em matéria sancionatória criminal (Código Penal, art. 2º), mas que a ela não se deve considerar confinado.

Com efeito, a retroação de uma lei ou disposição legal, respeitadas as situações jurídicas irreversivelmente consolidadas, em só trazendo benefícios, não está proibida em nosso ordenamento jurídico. Todavia, em matéria sancionatória, punitiva, a retroação benéfica, que não prejudique ato jurídico perfeito, direito adquirido e a coisa julgada,

---

[42] COMPARATO, Fábio Konder. *Comentários às Disposições Transitórias da Nova Lei de Sociedade por Ações*. Rio de Janeiro: Forense, 1978. p. 1-2. As referidas citações foram extraídas de artigo elaborado por Luiz Antônio Alves de Souza, em trabalho ainda a ser devidamente publicado na Revista do Instituto dos Advogados de São Paulo.

em desfavor de quem quer que seja, não é apenas permitida, mas, em rigor, obrigatória.

Uma vez mais, a lição de Comparato no sentido da "perfeita admissibilidade do princípio da retroatividade benéfica – ou, *a fortiori*, dos efeitos imediatos da nova lei –, mesmo fora do Direito Penal, onde o assunto costuma ser estudado (cf. Código Penal de 1940, art. 2º)".[43]

A propósito, irretocável o voto da Ministra Regina Helena Costa, ao ensejo do julgamento do RESP nº 1.153.083-MT, *in verbis*:[44]

> Em meu entender, a retroação da lei mais benéfica é um princípio geral do Direito Sancionatório, e não apenas do Direito Penal. Quando uma lei é alterada, significa que o Direito está aperfeiçoando-se, evoluindo, em busca de soluções mais próximas do pensamento e anseios da sociedade. Desse modo, se a lei superveniente deixa de considerar como infração um fato anteriormente assim considerado, ou minimiza uma sanção aplicada a uma conduta infracional já prevista, entendo que tal norma deva retroagir para beneficiar o infrator. Constato, portanto, ser possível extrair do art. 5º, XL, da Constituição da República princípio implícito do Direito Sancionatório, qual seja: a lei mais benéfica retroage. Isso porque, se até no caso de sanção penal, que é a mais grave das punições, a Lei Maior determina a retroação da lei mais benéfica, com razão é cabível a retroatividade da lei no caso de sanções menos graves, como a administrativa.

Em rigor, quando se invoca *retroação* da lei mais benéfica em matéria sancionatória, o que ocorre é a *incidência imediata* da lei nova, prescrita no art. 6º, *caput*, da LINDB.

Quanto a isso, em síntese admirável, Luiz Antônio Alves de Souza, inspirado na redação dos arts. 105 e 106 do Código Tributário Nacional, assevera que, com sua nova redação, a LIA:

> deve ser aplicada imediatamente aos eventos futuros e aos pendentes, bem como aos pretéritos, caso ainda não julgados definitivamente, notadamente àqueles que passaram a não ser mais definidos como infrações, ou que tiveram suas tipificações modificadas em relação à redação anterior, ficando sujeitos às novas previsões.
> Portanto, não se trata, propriamente, de aplicação retroativa. Trata-se de imposição não apenas jurídica, mas, por assim dizer, lógica, à qual seria contrária a possibilidade de sentença que produza efeitos constitutivos

---

[43] COMPARATO. Op. cit., p. 2.
[44] STJ. RESP nº 1.153.083/MT. Primeira Turma. Relator Ministro Sérgio Kukina. Relatora p. acórdão Ministra Regina Helena Costa. Julgado em 02.10.14.

que a lei em vigor não admite que possam ser produzidos. Sentença que aplicasse as cominações da redação anterior da lei, aos eventos nela previstos, tais quais nelas previstos, implicaria sua ultratividade, infringindo claramente o art. 6º, da LINDB".[45]

Dúvida não pode haver, portanto, quanto à eficácia imediata das novas disposições da lei de improbidade. Às situações pendentes de decisão judicial, que venha a transitar em julgado, só se pode aplicar a lei que está em vigor, e não os dispositivos que, por força dela, não mais existem no mundo jurídico. Ultratividade de norma revogada não se pode presumir ou reconhecer como implícita.

Mesmo tendo havido condenação por improbidade, em razão de comportamentos que, por força de lei nova, improbidade não é mais (ausência de tipicidade, compreensiva do elemento subjetivo dolo), cumpre distinguir decisões preteritamente transitadas em julgado das não transitadas em julgado, e, em face das preteritamente transitadas em julgado, é de se distinguir a pendência ou não de efeitos que se protraem no tempo.

Os efeitos, já esgotados, de decisões preteritamente transitadas em julgado, como a perda da função pública decretada nos termos da legislação então em vigor, são irreversíveis, porque operada a preclusão. Porém, os efeitos não exauridos, como a suspensão de direitos políticos ou proibição de contratar com o poder Público, enquanto em curso os prazos de vigência da proibição ou suspensão de exercício de direitos, configuram *facta pendentia*.

Destarte, a incidência imediata da lei nova faz cessar referidos efeitos, cujo fundamento de validade deixou de existir, porque efeitos da sanção por comportamento que improbidade não é mais.

Em matéria sancionatória, punitiva, como a de improbidade, impõe-se respeitar os mesmos efeitos decorrentes da *abolitio criminis*, em virtude mesmo da relevância jurídica das similitudes entre sanções criminais e por improbidade administrativa, informadas por princípios comuns do Direito sancionador, de sua Teoria Geral.

Em face do exposto, vê-se que não andou bem, *data venia*, o STF, que, ao decidir o ARE nº 843989, fixou como Tese 1199, com Repercussão Geral:

---

[45] As referidas passagens constam de artigo elaborado por Luiz Antônio Alves de Souza, em trabalho ainda a ser devidamente publicado na Revista do Instituto dos Advogados de São Paulo.

2) A norma benéfica da Lei 14.230/2021 – revogação da modalidade culposa do ato de improbidade administrativa –, é IRRETROATIVA, em virtude do art. 5º, inciso XXXVI, da Constituição Federal, não tendo incidência em relação à eficácia da coisa julgada; nem tampouco durante o processo de execução das penas e seus incidentes;

Ora, a Lei nº 14.230/21, que revoga a modalidade culposa de improbidade, é de incidência imediata. E o fato de a Constituição colocar a salvo da incidência imediata da lei nova ou de sua eventual retroatividade o ato jurídico perfeito, o direito adquirido e a coisa julgada, não obsta sua aplicação *in bonam partem*.

A incidência da lei nova é imediata (LINDB, art. 6º), e não há proibição de leis retroativas que, todavia, não podem prejudicar ato jurídico perfeito, direito adquirido e a coisa julgada, imunes, portanto, quer à incidência imediata da lei nova, quer à eficácia retroativa que eventualmente prescreva e possa prejudicá-los.

Todavia, efeitos de coisa julgada há que se protraem no tempo. Efeitos dessa natureza, restritivos de direitos ao longo de determinado prazo, de caráter sancionatório, não estão imunes à incidência imediata de lei nova mais benéfica. Como *facta pendentia*, referidos efeitos, incompatíveis com a lei nova, cessam imediatamente. Afinal, como alguém pode continuar submetido a restrições de direitos, que estão a se protrair no tempo, se essas restrições são decorrentes de comportamentos que, em face da lei nova, não podem mais ser decretados? Essas restrições, com a entrada em vigor da nova lei, perdem seu fundamento de validade. Não se está a prejudicar a decisão judicial transitada em julgado, mas sim diante da superveniente perda de validade de efeitos, não exauridos, daquela – efeitos que, protraindo-se no tempo, enquanto não exauridos caracterizam-se com *facta pendentia*. Esses efeitos é que cessam de imediato, preservada sua validade pretérita porque fundados em decisão proferida nos termos da lei vigente à época de sua prolação.

CAPÍTULO 6

DA VINCULAÇÃO DO ILÍCITO AO EXERCÍCIO DE FUNÇÃO PÚBLICA PARA TIPIFICAÇÃO DE IMPROBIDADE

O sistema ou subsistema de responsabilização por improbidade administrativa visa tutelar "a probidade na organização do Estado e no exercício de suas funções, como forma de assegurar a integridade do patrimônio público e social (...)" (Lei nº 8.429/92, art. 1º, *caput*).
Já o §5º do mesmo art. 1º prescreve:

> Art. 1º (...)
> (...)
> §5º Os atos de improbidade violam a probidade na organização do Estado e no exercício de suas funções e a integridade do patrimônio público e social dos Poderes Executivo, Legislativo e Judiciário, bem como da administração direta e indireta, no âmbito da União, dos Estados, dos Municípios e do Distrito Federal.

O art. 9º, *caput*, da LIA, por sua vez, refere-se a ilicitudes dolosas "em razão do exercício de cargo, de mandato, de função, de emprego ou de atividade nas entidades referidas no art. 1º desta Lei".
A referência a ilícitos "decorrentes das atribuições do agente público", como consta expressamente do art. 3º, I, da LIA, permeia toda essa lei, de forma variada, como no inciso VII do mesmo art. 9º, que menciona "exercício de mandato, de cargo, de emprego ou de função pública, e *em razão deles*".
Veja-se também que a todo instante, em variados dispositivos, a lei vincula ilicitudes a ação ou omissão no exercício de função pública, ou em razão dela, para que se configure improbidade administrativa.

Essa vinculação está sempre presente de forma explícita ou implícita, facilmente constatada ao examinar-se cada tipo de comportamento qualificado como improbidade.

A improbidade de que trata a lei não é qualquer uma, mas sim a improbidade no exercício de alguma função pública, ou em razão dela, no exercício das atribuições inerentes à referida função, e não ilicitudes consistentes no exercício de atividades de caráter privado, nelas mesmo residentes, e na não observância de restrições decorrentes de jornada de trabalho e seu regime jurídico, não observância esta que poderá ensejar, em tese, alguma sanção administrativa, mas jamais responsabilidade por improbidade administrativa.

CAPÍTULO 7

A EXIGÊNCIA DE LESIVIDADE RELEVANTE A BENS JURÍDICOS TUTELADOS PELA LEI DE IMPROBIDADE ADMINISTRATIVA

O §4º do art. 11 da LIA está assim redigido:

§4º Os atos de improbidade de que trata este artigo exigem lesividade relevante ao bem jurídico tutelado para serem passíveis de sancionamento e independem do reconhecimento da produção de danos ao erário e de enriquecimento ilícito dos agentes públicos.

O resultado ou as consequências do comportamento tipificado como improbidade nos incisos do art. 11 hão de ser aferidos, mensurados, valorados, à luz dos imperativos da razoabilidade, da proporcionalidade. Se não se puder demonstrar, para além de qualquer margem de dúvida razoável, a efetiva ocorrência de relevantes efeitos detrimentosos à Administração Pública, ao escorreito exercício da função pública, ao cumprimento de deveres para com administrados, não se poderá cogitar aplicação das sanções previstas na lei.

Em outras palavras: a ocorrência de relevante lesividade a bens jurídicos tutelados pelo art. 11 da LIA, consequências, resultados ou efeitos inquestionavelmente detrimentosos àqueles há de ser provada, demonstrada, não se admitindo presunções também nessa matéria, de resto já vedadas expressamente nesse sistema de responsabilidade, consoante se depreende dos arts. 10, *caput*; 12, *caput*; 17, §19, I; 17-C, I; 21, I, segunda parte.

Destarte, na ausência de prova suficiente de efetiva e relevante lesividade a bem jurídico tutelado pelo art. 11, incabível a aplicação de sanção por improbidade administrativa.

Trata-se de consagração, no sistema de responsabilidade por improbidade administrativa, no que concerne ao seu art. 11, de um verdadeiro princípio, similar ao princípio da insignificância, já de há muito proclamado no Direito sancionatório criminal. Se é tido como relevante em matéria penal, é relevante em matéria de improbidade, mesmo porque consagrado expressamente na lei de regência da matéria.

CAPÍTULO 8

OS ARTS. 9º, 10 E 11 DA LEI Nº 8.429/92

8.1 Considerações gerais

Ofensas à ordem jurídica, no exercício de função pública no sentido amplo da expressão, são qualificadas como improbidade administrativa na medida em que assim estejam tipificadas em lei, seja na Lei nº 8429/92, com redação dada pela Lei nº 14.230/21 (arts. 9º, 10 e 11), seja em leis especiais. É o que prescreve o art. 1º, §1º, da lei de que estamos a tratar.

No que concerne à culpabilidade, o elemento subjetivo para caracterização de improbidade é o dolo, consoante definido no art. 1º, §2º, da Lei nº 8.429/92. "O mero exercício de função ou desempenho de competências publicar, sem comprovação de ato doloso com fim ilícito, afasta a responsabilidade por ato de improbidade administrativa." É o que prescreve, de forma enfática, o §3º do mesmo artigo, como se o §2º não bastasse.

No sistema da Lei nº 8429/92, há três conjuntos de atos de improbidade, tipificados nos arts. 9º, 10 e 11: improbidade que importa enriquecimento ilícito (art. 9º); improbidade que causa prejuízo ao Erário (art. 10); e improbidade que atenta contra os princípios da Administração Pública (art. 11).

A referida classificação de improbidade em três conjuntos, blocos ou espécies, deve ser adequadamente considerada, sob pena de o intérprete/aplicador da lei ser levado a erro.

8.2 Improbidade que importa enriquecimento ilícito (art. 9º)

Nos termos do art. 9º, enriquecimento ilícito que implica responsabilidade por improbidade consiste em "auferir, mediante a prática de ato doloso qualquer tipo de vantagem patrimonial indevida em razão do exercício de cargo, de mandato, de função, de emprego ou de atividade nas entidades referidas no art. 1º desta Lei (...)". Aí está o primeiro tipo legal, a tipificação primeira de improbidade.

Qualquer comportamento que se subsuma a esse tipo legal configura improbidade.

Nos incisos do art. 9º estão descritos, de forma exemplificativa, subtipos de improbidade. O rol é exemplificativo em face da parte final do caput do art. 9º, que, após definir o tipo categorial, contempla a expressão "e notadamente".

A lei adotou essa técnica porque os subtipos constantes dos incisos do art. 9º dizem respeito ao que se considera mais frequente em termos de enriquecimento ilícito, de sorte que o objetivo almejado foi o de melhor orientar agentes públicos em geral quanto ao que lhes é proibido fazer sob pena de sujeitarem-se às gravíssimas sanções cominadas na lei. Todavia, o elenco de subtipos, ainda que meramente exemplificativo, presta-se também a orientar o intérprete do caput do art. 9º, ensejando-lhe, presumivelmente, a melhor intelecção quanto ao seu sentido e alcance. O tipo do caput é mais aberto, de alcance maior do que cada um dos subtipos individualmente considerados, que descrevem comportamentos de forma mais fechada.

Comparando-se a relação original do caput do art. 9º, com a nova redação, constata-se a insistência em ressaltar a exigência de dolo para a configuração de improbidade, como se não bastassem referências anteriores a esse elemento subjetivo.

8.3 Improbidade que causa prejuízo ao Erário (art. 10)

No que concerne ao art. 10 da LIA, houve uma das mais importantes alterações, de vez que, com a nova redação, restou eliminada a modalidade culposa, exigindo-se, em consonância com vários outros dispositivos da mesma lei, o elemento subjetivo dolo, de que já tratamos.

Somos daqueles que de há muito consideravam inclusive que improbidade na modalidade culposa era inconstitucional, desbordando da extensão do referido conceito extraível da nossa Lei Maior.

Improbidade a título de mera culpa implicava ofensa mesmo a princípios constitucionais, como os da isonomia, razoabilidade e dignidade do ser humano

Sempre nos pareceu desarrazoado imputar igualmente responsabilidade por improbidade tanto aos que ofendem intencionalmente a ordem jurídica, atuando com má-fé, como aos que incidem em erro, procedendo de boa-fé como se fosse praticamente irrelevante o grau de reprovabilidade, de culpabilidade do agente público.

Jamais reconhecemos razão de ordem lógica que justificasse tratar igualmente pessoas que atuam com grave desvio ético-jurídico, cientes da ilegalidade do seu proceder, e pessoas que acabam por ofender a ordem jurídica sem a intenção viciada de assim proceder, sujeitas, todavia, a erros, próprios da condição humana.

Por certo que há erros justificáveis ou não justificáveis, de sorte que também faz sentido previsão legal de consequências desfavoráveis para os que em erro incidem, na medida de sua gravidade, mas não a ponto de estigmatizar os que atuam de boa-fé como ímprobos, ainda que prevista cominação de sanções a serem aplicadas, isolada ou cumulativamente, de acordo com a gravidade do fato, como já constava do art. 12 da LIA, na sua redação original, e que permanece.

Impõe-se reconhecer que, pelo exercício irregular de suas atribuições, agentes públicos estão sujeitos a sistemas de responsabilização que variam consoante a maior ou menor gravidade da violação à ordem jurídica, desde responsabilização administrativa e civil até responsabilização por improbidade e criminal.

Injustificável pretender que todo e qualquer mal proceder no serviço público ou é sancionável a título de improbidade ou se está a consagrar impunidade, com retrocesso no combate à corrupção.

Constitui mesmo imperativo fundado na dignidade humana dispensar tratamentos substancialmente diferenciados em função de significativas variações quanto à reprovabilidade deste ou daquele proceder.

Mesmo integrantes do Judiciário, até mesmo de Tribunais Superiores, não raras vezes têm suas decisões reformadas, seus votos vencidos, por serem considerados em descompasso com o Direito aplicável à espécie ou com as provas carreadas para os autos do processo. Conquanto não seja, via de regra, utilizada a palavra *erro* em que tenha incidido este ou aquele Magistrado, muitas vezes é isso que se considera ter ocorrido, como por ocasião de anulações fundadas em não observância do devido processo legal.

Ofensas involuntárias, não intencionais, à ordem jurídica são cometidas com alguma frequência por agentes públicos no exercício de competências administrativas, legislativas e judiciais. Se toda vez que algo assim ocorrer, ainda que por mera culpa no sentido estrito do termo, houvesse promoção de responsabilidade por improbidade, haveria desestímulo crescente ao ingresso de pessoas sérias nas atividades de Estado ou governamentais em geral, pelo desarrazoado risco no exercício de funções públicas.

Preocupado, assim, com a banalização de proposituras de ações de responsabilidade por improbidade e atento às ponderações de muitos estudiosos da matéria, no meio acadêmico e mesmo judicial, o legislador decidiu-se, finalmente, por suprimir a previsão de improbidade na modalidade culposa, no que andou muito bem.

Ademais, bem andou também ao inserir no *caput* do art. 10, de forma inequívoca, a exigência de *efetiva* e *comprovada* perda patrimonial, desvio, apropriações, malbaratamento ou dilapidação dos bens e haveres das entidades referidas no art. 1º da mesma lei.

Afastada restou, assim, qualquer possibilidade de presunção de ofensa aos bens jurídicos pela lei tutelados, como consignado em outros dispositivos.

Finalmente, quanto ao art. 10, cabe anotar, como fizemos tratando do art. 9º, que o *caput* descreve o tipo legal do que qualifica como improbidade que causa prejuízo ao Erário. Trata-se de tipo categorial.

Os incisos do art. 10 contemplam, e de forma exemplificativa, subtipos de improbidade que, em rigor, já se subsumem ao disposto no *caput* em face mesmo da amplitude de sua abrangência. O tipo descrito no *caput* é mais aberto, mais amplo que os subtipos dos incisos, mais específicos, mais fechados e que, por essa razão, cumprem uma função mais acentuadamente didática, esclarecedora, de mais fácil compreensão.

Dignos de nota são, ainda, os §1º e 2º do art. 10, assim redigidos:

> §1º Nos casos em que a inobservância de formalidades legais ou regulamentares não implicar perda patrimonial efetiva, não ocorrerá imposição de ressarcimento, vedado o enriquecimento sem causa das entidades referidas no art. 1º desta Lei.
>
> §2º A mera perda patrimonial decorrente da atividade econômica não acarretará improbidade administrativa, salvo se comprovado ato doloso praticado com essa finalidade.

O §1º veda expressamente o enriquecimento sem causa das entidades referidas no art. 1º. Com efeito, inexistindo perda patrimonial efetiva, e não apenas presumida, não há o que ressarcir.

Já o §2º reforça a imprescindibilidade do elemento subjetivo dolo para caracterizações de improbidade, mesmo diante de perda patrimonial decorrente de atividade econômica do Estado. Mas, havendo culpa, a não imputação de responsabilidade por improbidade não obsta a responsabilização administrativa e civil do agente causador da perda, que há de ser reparada pelos meios apropriados.

8.4 Improbidade que atenta contra os princípios da Administração Pública (art. 11)

O art. 11 da LIA diz respeito a atos que atentam contra os princípios da Administração Pública.

O dispositivo em vigor, mais especificamente seu *caput*, também consubstancia uma das mais importantes inovações na matéria, razão pela qual cumpre transcrevê-lo na sua redação original e com a redação em vigor, dada pela Lei nº 14.230/21.

• **Redação original**

Art. 11. Constitui ato de improbidade administrativa que atenta contra os princípios da administração pública qualquer ação ou omissão que viole os deveres de honestidade, imparcialidade, legalidade, e lealdade às instituições, e notadamente:

• **Redação dada pela Lei nº 14.230/21**

Art. 11. Constitui ato de improbidade administrativa que atenta contra os princípios da administração pública a ação ou omissão dolosa que viole os deveres de honestidade, de imparcialidade e de legalidade, caracterizada por uma das seguintes condutas:

O art.11 da LIA, especialmente seu *caput*, sempre ensejou discussão entre os estudiosos da matéria, com defensores e críticos de ambos os lados.

Não vamos aqui inventariar os principais argumentos desenvolvidos em um e outro sentido, de aplauso ou crítica ao que estava prescrito no dispositivo em questão. Permitimo-nos registrar apenas que entre os favoráveis ao art. 11 costumava-se encarecer a importância dos princípios, cuja violação haveria de ser considerada mais grave que violação a uma norma do tipo regra, como consta em lições de Celso Antônio Bandeira de Mello,[46] a nosso ver nem sempre bem compreendidas.

---

[46] BANDEIRA DE MELLO. Op. cit., p. 913-914.

Já para críticos da improbidade por atentados a princípios, sempre se alinharam os que apontavam para exigências de segurança jurídica, não prestigiada em face da falta de maior densidade das normas principiológicas que, por definição, não descrevem com adequada precisão as hipóteses de sua incidência, sendo muito vagas e, assim, fontes de incertezas quanto às suas projeções nos casos concretos.

A bem da verdade, princípios são de importância fundamental na busca de consistência, racionalidade, unidade sistêmica do ordenamento jurídico. Sem o conhecimento dos princípios informadores de uma dada ordem normativa não há como proceder à composição de seus elementos sob perspectiva unitária; e sem essa composição não se faz ciência. Daí o inegável valor metodológico da noção de regime jurídico, tão encarecida por Celso Antônio Bandeira de Mello.[47]

Sob essa perspectiva é que desconsiderar um princípio é mais grave que desconsiderar uma regra. No entanto, sanções pela violação de uma regra, como fraude a uma licitação, costumam ser mais gravosas que a violação de um princípio, como o da motivação dos atos administrativos ou da impessoalidade em tese.

Seja como for, a imprecisão de princípios como o da finalidade de interesse público, de imenso campo denotativo, não se compara com a segurança proporcionada por uma regra que descreva dado comportamento-tipo, proibindo-o, sob pena de uma sanção especificamente cominada. E quanto mais gravosa uma sanção, nas variadas searas do Direito, maior a exigência de tipicidade, como ocorre em matéria criminal, em face mesmo da exigência de segurança jurídica, ínsita ao Estado Democrático de Direito, que postula a predeterminação formal do Direito, mormente no Direito sancionatório.

Na busca dessa maior segurança jurídica, muitos criticávamos a redação do art. 11 da LIA, que, por essa razão, também tocava as raias da inconstitucionalidade.

Além do mais, a LIA, no seu art. 11, jamais prescreveu ser improbidade a violação a princípios, mas sim que constituía improbidade, implicando atentado a princípios, qualquer ação ou omissão violadora dos deveres de honestidade, imparcialidade, legalidade e lealdade às instituições.

A violação a esses deveres, principiológicos, sem dúvida, é que a LIA qualificava como tal e, *ipso facto*, atentatória a princípios. E seguia-se

---

[47] CAMMAROSANO, Márcio. Ainda há sentido em se falar em regime jurídico administrativo? *In*: MOTTA; GABARDO. Op. cit., p. 141-151.

um rol de incisos meramente exemplificativos de improbidade, mesmo porque, na sua parte final, o *caput* do art. 11 utilizava, a exemplo do *caput* dos arts. 9º e 10, a expressão e "notadamente", mantida na redação nova dos arts. 9º e 10.

Pois bem. Sensível às críticas referidas, postulando maior segurança jurídica, na nova redação do *caput* do art. 11 suprimiu-se a expressão "e notadamente" pela expressão "(…) caracterizada por uma das seguintes condutas" (*g. n.*).

Destarte, de meramente exemplificativo que era, o rol do art. 11 passou a ser taxativo. Foi ainda acrescida a expressão "exigência de dolo", já implícita, e suprimida a referência ao dever de lealdade às instituições, de todos o mais vago, impreciso.

Assim, a referência a princípios da Administração Pública, no *caput* do art. 11, e aos deveres nele mencionados passou a ser, em rigor, despicienda, retórica.

Para a configuração de improbidade com fundamento no art. 11, é necessária agora a comprovação de comportamento que se subsuma a um dos tipos descritos nos incisos do art. 11, sob pena de se estar a ignorar que foi essa a razão determinante da nova redação dada ao referido artigo, que tantos subjetivismos caprichosos ensejou.

Também é digno de nota que não há comportamento tipificado nos arts. 9º e 10 da mesma lei que, em última análise, não implique violação a um ou outro princípio da Administração Pública. Mas sem tipicidade, como legalmente prescrito, não há improbidade. Os tipos e subtipos de improbidade estão descritos nos arts. 9º e 10, *caput* e seus incisos, respectivamente.

CONCLUSÕES

É certo que inúmeras outras questões pertinentes à responsabilidade por improbidade merecem acurado estudo. Mesmo as aqui abordadas comportam, evidentemente, a melhor das atenções, com maior profundidade.

Sem embargo, nossa preocupação fundamental foi tratar de algumas categorias fundamentais em face de dois imperativos: (i) resgatar a adequada e impostergável propriedade terminológica, a exemplo da noção mesma de improbidade e do elemento subjetivo dolo, que já vinha sendo, de um tempo para cá, distorcido, confundido com a mera voluntariedade de comportamento objetivamente ilícito comissivo ou omissivo; (ii) resgatar a exigência, o sentido e as projeções da segurança jurídica, indissociável do Estado Democrático de Direito, e da dignidade humana, incompatível com presunções em desfavor de agentes da Administração Pública, no sentido mais amplo da expressão, e de particulares que com ela se relacionam, impondo-se a prova de dolo específico e, quando for o caso, dano efetivo, nos termos da lei.

Essa *visão garantista*, a um só tempo, prestigia os princípios constitucionais maiores e em nada *arrefece* o impostergável combate à corrupção e todo e qualquer outro tipo de ilícito, que deve ser levado a efeito nos termos de outros sistemas legais em vigor de responsabilização de quem de direito.

Resta esperar, portanto, que as inovações legislativas sejam respeitadas especialmente pelos titulares da ação de improbidade, órgãos de controle como Tribunais de Contas e Judiciário. As inovações legislativas, particularmente no que concerne à exigência de dolo e sua conceituação, não comportam "correção" pelo intérprete/aplicador, como já ouvimos de integrante do Judiciário, que exerce função infralegal, que só pode ser respeitosa ao que resultou normatizado pelo legislador competente, no exercício de mandato outorgado pelo povo, titular último da soberania em um Estado de Direito Democrático, assim esculpido pela Constituição de 1988.

REFERÊNCIAS

AFONSO DA SILVA, José. *Teoria do Conhecimento Constitucional*. São Paulo: Malheiros, 2014.

ALVES DE SOUZA, Luiz Antônio. *Revista do Instituto dos Advogados de São Paulo*. No prelo.

ATALIBA, Geraldo. *Sistema Constitucional tributário brasileiro*. São Paulo: Revista dos Tribunais, 1968.

BANDEIRA DE MELLO, Celso Antônio. *Conteúdo jurídico do princípio da igualdade*. São Paulo: Malheiros, 1993.

BANDEIRA DE MELLO, Celso Antônio. *Curso de Direito Administrativo*. 35. ed. São Paulo: Malheiros, 2021.

CAMMAROSANO, Márcio. *O princípio constitucional da moralidade e o exercício da função administrativa*. Belo Horizonte: Fórum, 2006.

CAMMAROSANO, Márcio; PEREIRA, Flávio Henrique Unes. O elemento subjetivo na improbidade administrativa: por uma responsável motivação das decisões judiciais. *Revista do Superior Tribunal de Justiça*, ano 28, n. 241, p. 577-603, jan./fev./mar. 2016.

CAMMAROSANO, Márcio; NIMER, Beatriz Lameira Carrico. A Teoria do Domínio do Fato em matéria de improbidade administrativa. *In*: CAMMAROSANO, Márcio (Coord.). *Controle da Administração Pública*: temas atuais II. 1. ed. Rio de Janeiro: Lumen Juris, 2016. p. 3-34.

CAMMAROSANO, Márcio. Ainda há sentido em se falar em regime jurídico administrativo? *In*: MOTTA, Fabrício; GABARDO, Emerson (Coord.). *Crise e reformas legislativas na agenda do Direito Administrativo*: XXXI Congresso Brasileiro de Direito Administrativo. Belo Horizonte: Fórum, 2018. p. 141-151.

CANARIS, Claus Wilhelm. *Pensamento Sistemático e Conceito de Sistema na Ciência do Direito*. 4. ed. Lisboa: Fundacção Calouste Gulbenkian, 2008.

CARNELUTTI, Francesco. *Teoria Geral do Direito*. São Paulo: Lejus, 2000.

CARVALHO, Aurora Tomazini de. *Curso de Teoria Geral do Direito*: o construtivismo lógico-semântico. São Paulo: Noeses, 2013.

CASTRO, Carlos Roberto Siqueira. *O devido processo legal e os princípios da razoabilidade e da proporcionalidade*. Rio de Janeiro: Forense, 2006.

COMPARATO, Fábio Konder. *Comentários às Disposições Transitórias da Nova Lei de Sociedade por Ações*. Rio de Janeiro: Forense, 1978.

DAL POZZO, Augusto Neves; OLIVEIRA, José Roberto Pimenta (Orgs.). *Lei de improbidade administrativa reformada* – Lei 8.429/1992 e Lei 14.230/2021. São Paulo: Revista dos Tribunais, 2022.

FRANÇA, R. Limongi. *Direito intertemporal brasileiro*. São Paulo: Revista dos Tribunais, 1968.

GONÇALVES, Carlos Roberto. *Direito civil brasileiro*: responsabilidade civil. 14. ed. São Paulo: Saraiva, 2019. v. 4.

GRAU, Eros Roberto. *O Direito posto e o Direito pressuposto*, São Paulo: Malheiros, 1996.

LARENZ, Karl. *Metodologia da Ciência do Direito*. Trad. José Lamego. 5. ed. Lisboa: Calouste Gulbenkian, 2009.

REALE, Miguel. *Filosofia do Direito*. 16. ed. São Paulo: Saraiva, 1994.

TELLES JUNIOR, Gofredo. *Ética*. São Paulo: Juarez de Oliveira, 2004.

VALGAS, Rodrigo. *Direito administrativo do medo*. São Paulo: Revista dos Tribunais, 2020.

VASCONCELOS NETO, Francisco das Chagas. *Método da prova indiciária como demonstração do elemento subjetivo no processo penal*, 2021. Disponível em: https://red-idd.com/files/2021/2021GT13_004.pdf. Acesso em: 19 jun. 2023.

VILANOVA, Lourival. *As estruturas lógicas e o sistema de direto positivo*. São Paulo: Revista dos Tribunais, 1977.

ZAFFARONI, E. Raúl; BATISTA, Nilo; ALAGIA, Alejandro; SLOKAR, Alejandro. *Direito Penal brasileiro*: Teoria Geral do Direito Penal. 4. ed. Rio de Janeiro: Revan, 2019. v. 1.

PARTE II

ASPECTOS PROCESSUAIS DA LEI DE IMPROBIDADE ADMINISTRATIVA REFORMADA

ANTONIO ARALDO FERRAZ DAL POZZO

CAPÍTULO 1

DO PROCEDIMENTO COMUM EM AÇÃO POR IMPROBIDADE

1.1 Rito procedimental em ações por ato de improbidade administrativa

1.1.1 Introdução

A ação por ato de improbidade administrativa, como toda ação, segue um determinado procedimento. A LIA, em seu art. 17, *caput*, é expresso, a respeito:

> Art. 17 A ação para a aplicação das sanções de que trata esta Lei (...) seguirá o procedimento comum previsto na Lei nº 13.105, de 16 de março de 2015 (Código de Processo Civil), salvo o disposto nesta lei.

Alguns conceitos doutrinários se impõem, para a exata compreensão da matéria relativa ao processo e ao procedimento.

1.1.2 Rito – procedimento – processo

A palavra "rito" vem do latim *ritus*, que significa costume, uso, cerimônia religiosa. A palavra sugere, ainda, uma série de atos preordenados, dirigidos a um fim comum.

No Direito Processual, é exatamente esta última ideia que se encontra latente na expressão – *rito* – isto é, uma série preordenada de atos que, nessa seara, são disciplinados pelo Direito Processual, razão pela qual se chamam *atos jurídicos processuais* ou, simplesmente, *atos processuais*.

Todavia, a preordenação dos atos processuais é apenas *um* dos aspectos do rito, cujo conceito engloba, ainda, a *forma* desses atos. Unindo essas duas ideias, a Ciência Processual refere-se ao *procedimento*, que contém em si a noção da *ordem* em que os atos devem se suceder (rito) e da *forma* de cada um dos atos processuais.[48]

Feitas essas primeiras considerações, temos que o procedimento vem a ser, portanto, a disciplina legal da forma dos atos processuais e a ordem em que eles devem se suceder. O procedimento visto em seu desenvolvimento dinâmico também é chamado de *rito procedimental*.

O estudo do procedimento, portanto, apresenta dois aspectos diferentes entre si: um aspecto *estático*, que diz respeito à forma dos atos do processo, isoladamente, e um aspecto *dinâmico*, que analisa o inter-relacionamento entre esses mesmos atos, do ponto de vista da ordem em que eles devem se suceder, do primeiro ao último.[49]

O aspecto estático, com efeito, diz respeito à forma do ato processual, sob seus múltiplos componentes: local de sua realização, momento de realizá-lo (prazos), modo de sua exteriorização (oral ou escrita) e língua a ser utilizada. Estabelecida a forma do ato na lei processual, sob esse aspecto ela se constitui, pois, na *disciplina legal (regulamentação por normas jurídicas) da estrutura exterior (forma) de cada ato do processo*.

O aspecto dinâmico consiste no rito, sequência dos atos processuais que sempre se apresentam como uma cadeia de ações e reações, conferindo ao processo a sua natureza dialética.

A forma do ato processual civil, em uma visão ampla, está disciplinada pela Parte Geral do Código de Processo Civil (CPC), enquanto o *conteúdo* dos atos e os ritos estão na sua Parte Especial.

Além do procedimento, há também o processo.

Contudo, ambos os institutos fundamentais do Direito Processual Civil[50] referem-se a uma mesma e única realidade, que pode ser vista sob duas perspectivas diversas: enquanto o procedimento se refere a cada um dos atos processuais no que diz respeito à sua forma e à sua sucessão no tempo, o processo se refere a esses mesmos atos, mas vistos em sua unidade, como um todo, que tende a um fim determinado: e é exatamente essa finalidade última e única dos variados atos que permite sua visão unitária como processo.

---

[48] A forma dos atos processuais é matéria da Teoria Geral do Direito Processual Civil. Ver DAL POZZO, Antonio Araldo Ferraz. *Teoria Geral do Novo Processo Civil Brasileiro*. São Paulo: Contracorrente, 2016. p. 783 e s.

[49] Ver DAL POZZO (op. cit., p. 71).

[50] Os institutos fundamentais do Processo Civil são: jurisdição, ação, processo e procedimento.

Assim, se cada ato depende das próprias formalidades para produzir seus regulares efeitos, o processo como um todo depende de certos requisitos ou pressupostos para ser válido: os chamados pressupostos processuais, que veremos adiante. Essa simples constatação justifica a diferença de visão do mesmo fenômeno – como processo e como procedimento.⁵¹

1.1.3 Aplicação do procedimento comum

O CPC adota vários ritos procedimentais diferentes.

O *rito procedimental comum*, ou simplesmente o *procedimento comum*, é o mais amplo de todos quantos previstos no Código.

É dizer que ele compreende a previsão da mais longa série de atos processuais e, por essa razão, normalmente é de duração também maior, mas com grande amplitude de contraditório e de ampla defesa.

A sua denominação – procedimento *comum* – decorre da circunstância de se prestar para o exercício de uma infinidade de ações, as mais diversas. Ele é *comum* (o mesmo) para todas elas.

Justamente por sua amplitude ele se aplica, *de forma subsidiária*, a todos os procedimentos especiais e processos de execução do CPC e, ainda, aos procedimentos previstos em outras leis, sempre que se lhes faltar dispositivo adequado, como estabelece o art. 318 do CPC:

> Art. 318. Aplica-se a todas as causas o procedimento comum, salvo disposição em contrário deste Código ou de lei.
>
> Parágrafo único. O procedimento comum aplica-se subsidiariamente aos demais procedimentos especiais e ao processo de execução.⁵²

Também quando uma lei prescrever, às suas previsões se aplica o procedimento previsto no CPC, e este será o comum:

> Art. 1.049 Sempre que a lei remeter a procedimento previsto na lei processual sem especificá-lo, será observado o procedimento comum previsto neste Código.

---

⁵¹ Também em nossa vida cotidiana podemos ver um automóvel, por exemplo, como o conjunto de suas peças e como elas se conectam para fazer funcionar o veículo e, ainda, como um indivíduo, um todo. O que nos permite chamar aquele conjunto de peças de automóvel é a finalidade última de todas elas – transportar coisas ou pessoas.

⁵² O art. 15 do CPC ainda determina que as suas regras se apliquem aos processos eleitorais, trabalhistas e administrativos de forma supletiva e subsidiária. Assim, na falta de regras especiais no Direito Processual eleitoral, trabalhista ou administrativo, aplica-se o que dispuser o CPC. Essa regra é muito importante porque naqueles ramos do Direito Processual nem sempre o Direito positivo é completo.

Contudo, a Lei de Improbidade Administrativa, como já vimos, em seu art. 17, *caput* é expresso:

> Art. 17 A ação para a aplicação das sanções de que trata esta Lei (...) seguirá o procedimento comum previsto na Lei nº 13.105, de 16 de março de 2015 (Código de Processo Civil), salvo o disposto nesta lei.

Portanto, o procedimento comum do CPC será aplicável às ações por ato de improbidade administrativa, salvo as normas procedimentais constantes da própria LIA.

1.2 Estrutura do processo de conhecimento e do cumprimento de sentença no Código de Processo Civil

Como é sabido, tradicionalmente as ações de conhecimento são três e recebem o nome da tutela jurisdicional pedida: ação de conhecimento condenatória, ação de conhecimento constitutiva e ação de conhecimento declaratória. Elas se desenvolvem mediante o processo de conhecimento, que segue o procedimento comum.

Todavia, passamos a denominar a tradicional ação de conhecimento condenatória de *ação condenatória-executiva*, a partir do vigente CPC, pelas seguintes razões: alterando profundamente o sistema anterior, o código não mais considera a ação de conhecimento condenatória uma entidade separada da ação de execução, mas considerou a antiga ação condenatória e a ação de execução uma *única ação*, que tem duas fases distintas: uma primeira *fase de conhecimento*, que, se procedente, termina com uma sentença condenatória, e uma segunda, chamada de *fase de cumprimento da sentença*.[53] Portanto, a ação de que tratamos é condenatória-executiva.

Assim, o CPC estabeleceu a seguinte estrutura geral: no seu Livro I da Parte Especial, cuida do "Processo de Conhecimento e do Cumprimento da Sentença", separadamente, e é de se ressaltar a boa técnica do CPC ao fazer essa distinção, porque as ações constitutivas e declaratórias não precisam da fase de cumprimento da sentença, uma vez que a sentença de procedência proferida nessas ações já concede ao autor tudo quanto pretendia.[54]

---

[53] Que, *mutatis mutandis*, se coloca no lugar da antiga execução por título judicial.

[54] A própria sentença constitutiva já constitui (cria), modifica ou desfaz a relação jurídica entre as partes. A sentença declaratória, por sua vez, contém a declaração de existência ou

No entanto, ao contrário daquelas duas espécies de ação, a condenatória necessitará (caso a sentença não possa ser cumprida espontaneamente) dessa fase ulterior de cumprimento da decisão.

Por esses motivos, o CPC, no Livro I da Parte Especial, trata do "Procedimento Comum" no Título I (a partir do art. 318) e, no Título II, "Do Cumprimento da Sentença" (a partir do art. 513).

A LIA também – ainda que de forma implícita – admite essas duas fases nas ações por ato de improbidade, que é, sem dúvida, uma ação de conhecimento condenatória-executiva:[55]

> Art. 18-A A requerimento do réu, *na fase de cumprimento da sentença*, o juiz unificará eventuais sanções aplicadas com outras já impostas em outros processos, tendo em vista a eventual continuidade de ilícito ou a prática de diversas ilicitudes, observado o seguinte:

Portanto, o procedimento a ser adotado nas ações por ato de improbidade administrativa se ajusta – com as próprias peculiaridades – ao sistema do CPC.

1.3 A fase de cognição do procedimento comum e suas subfases

O procedimento comum apresenta dois grandes segmentos, como já visto: a fase de cognição e a fase de cumprimento de sentença.

A fase cognitiva do processo comum apresenta várias *subfases*, que, por comodidade didática, chamaremos de *fases do procedimento comum*, que são as seguintes:
- fase postulatória;
- fase decisória antecipada;
- fase saneadora;
- fase instrutória;
- fase decisória final.

---

inexistência de uma relação jurídica, ou a declaração de falsidade ou de autenticidade de documento – isto é, exatamente o que o autor pleiteava.

[55] Essa visão unitária da ação condenatória-executiva tem reflexos no tema da prescrição intercorrente, pois, após a publicação do trânsito em julgado da decisão condenatória, o autor tem que encerrar o seu cumprimento antes de quatro anos (LIA, art. 23, §8º). Se assim não fosse, por que a decisão de Segundo Grau (condenatória) seria marco interruptivo da prescrição? O Poder Judiciário – ainda que recentes as alterações da LIA – somente está vendo a prescrição intercorrente na fase de conhecimento, pelo menos nos casos em que atuamos, o que não faz sentido nenhum, diante da clareza da lei.

Cada fase recebe o nome da *principal atividade processual* que nela se realiza. Atividade preponderante, mas não *exclusiva*. Assim, se na fase postulatória preponderam atos de postulação, nela ocorrem também decisões judiciais.

Neste estudo, iremos nos ater a aspectos da fase postulatória.

1.4 A fase postulatória do procedimento comum e suas subfases

Na fase postulatória, que será objeto deste estudo, preponderam os atos de postulação, isto é, atos pelos quais as partes expõem suas razões ao magistrado e formulam seus pedidos.

A fase postulatória compreende várias subfases:
- elaboração e ajuizamento da petição inicial;
- apreciação liminar da petição inicial;
- citação do réu;
- elaboração e ajuizamento da contestação;
- elaboração e ajuizamento da ação de reconvenção;
- réplica do Ministério Público.

CAPÍTULO 2

QUESTÕES PROCESSUAIS RELEVANTES

Antes de cuidarmos de temas específicos da fase postulatória, algumas questões processuais relevantes merecem ser abordadas.

2.1 Ações necessárias e não necessárias[56]

Trata-se de distinção pouco referida pela doutrina, mas que deve aqui ser examinada, ainda que superficialmente, porque tem importância, sob vários aspectos, para o estudo das ações por ato de improbidade administrativa, especialmente quanto ao interesse de agir.

Nem sempre o réu pode satisfazer espontaneamente ao Direito do autor: há sanções, por exemplo, que somente podem ser aplicadas pela via judicial, como as sanções penais e, também, as sanções de interdição de direitos previstas no art. 12 da LIA.[57] No Direito Civil, questões de nulidade de casamento e assim por diante.

---

[56] Nas *Istituzioni di Diritto Processuale Civile* (Nápoles: Jovene, 1960; a primeira edição é de 1935), Giuseppe Chiovenda menciona que há "numerosíssimos casos em que a vontade concreta da lei não pode ser realizada senão por obra dos órgãos públicos, no processo". Essa referência diz respeito às ações necessárias (p. 19). Ver, ainda, DAL POZZO (op. cit., p. 338).

[57] As sanções de interdição ou perda de direitos previstos na LIA são: (i) perda da função pública; (ii) suspensão dos direitos políticos até (...) anos; (iii) proibição de contratar com o poder público; (iv) proibição de receber benefícios ou incentivos fiscais ou creditícios, direta ou indiretamente, ainda que por intermédio de pessoa jurídica da qual seja sócio majoritário, pelo prazo não superior a (...) anos. Convém anotar que a sanção de suspensão dos direitos políticos não se aplica aos atos de improbidade consistentes em violações aos deveres do art. 11 (cf. art. 12, III). As sanções patrimoniais são: (i) perda dos bens ilicitamente acrescidos ao patrimônio; (ii) ressarcimento ao erário (art. 12, *caput*); (iii) multa civil. Todavia, as sanções podem ser objeto de acordo de não persecução cível (ANPC). Mas, como esse acordo precisa de homologação judicial, a ação por ato de improbidade administrativa sempre será necessária, segundo o art. 17-B, §1º, III, da LIA. Ela não se resolve fora do âmbito judiciário.

As sanções de interdição de direitos por ato de improbidade administrativa somente podem ser aplicadas pelo Poder Judiciário, não havendo possibilidade de cumprimento espontâneo pelo autor do ilícito: a ação por ato de improbidade se caracteriza, pois, como uma *ação necessária* – ou seja, uma ação imprescindível para a satisfação daqueles direitos de que é titular o Estado (no caso, *jus puniendi*).[58]

Todavia, quando o Direito pode ser realizado espontaneamente – o pagamento de uma dívida, por exemplo –, a ação respectiva não é necessária.

A grande importância dessa distinção, como dito, diz respeito principalmente ao interesse de agir – quando a ação é necessária, ao autor basta alegar a existência do fato ou ato antijurídico (prática de determinado ato de improbidade, prática de um delito, por exemplo). Mas, se ação é não necessária, precisa alegar um fato diverso (inadimplemento, *v.g.*) daquele que deu origem ao seu direito material (contrato de compra e venda, por exemplo). Esse fato, diverso daquele que gerou o direito do autor, é que dá nascimento a um outro direito: o direito de ação, fato esse que precisa ser alegado para que o autor demonstre seu interesse de agir.[59]

2.2 Natureza jurídica da ação por ato de improbidade administrativa

A Lei nº 14.230/21, que introduziu importantes e profundas modificações na Lei nº 8.429/92 (LIA), inseriu o art. 17-D e seu parágrafo único, *verbis*:

> Art. 17-D A ação por improbidade administrativa é repressiva, de caráter sancionatório, destinada à aplicação de sanções de caráter pessoal previstas nesta Lei, e não constitui ação civil, vedado seu ajuizamento para o controle de legalidade de políticas públicas e para a proteção do

---

[58] A LIA determina que se apliquem ao seu sistema de improbidade os princípios do Direito Administrativo Sancionador. A doutrina tem enfatizado que as sanções da LIA integram o *jus puniendi* do Estado, cujas sanções somente o Estado, por seus órgãos jurisdicionais, pode impor.

[59] Essa circunstância revela a autonomia do Direito de ação em relação ao Direito deduzido em juízo. De outro lado, como é notório, o interesse de agir é uma das condições da ação e é formado pelo binômio necessidade-adequação. O autor deve ter necessidade da ação como meio para satisfazer seu direito, mas deve se valer da ação adequada para tanto, pois o Estado não deve se movimentar à toa. Cf., por todos, LIEBMAN, Enrico Tullio. *Manuale di Diritto Processuale Civile*. 7. ed. Milão: Giuffrè, 1980. p. 144. Ao tema voltaremos várias vezes nesta parte.

patrimônio público e social, do meio ambiente e de outros interesses difusos, coletivos e individuais homogêneos.
Parágrafo único. Ressalvado o disposto nesta Lei, o controle de legalidade de políticas públicas e a responsabilidade de agentes públicos, inclusive políticos, entes públicos e governamentais, por danos ao meio ambiente, ao consumidor, a bens e direitos de valor artístico, estético, histórico, turístico e paisagístico, a qualquer outro interesse difuso ou coletivo, à ordem econômica, à ordem urbanística, à honra e à dignidade de grupos raciais, étnicos ou religiosos e ao patrimônio público e social submetem-se aos termos da Lei nº 7.347, de 24 de julho de 1985.

Os dispositivos legais transcritos estabelecem uma série de comandos que dizem respeito à natureza jurídica da ação por ato de improbidade administrativa e define seu campo de aplicação, extremando-a da ação civil pública regulada pela Lei nº 7.347/85 (Lei da Ação Civil Pública) e da ação por ato lesivo à administração pública (Lei nº 12.846/13), distinção esta reforçada por norma expressa:

Art. 3º (...)
(...)
§2º As sanções desta Lei não se aplicarão à pessoa jurídica, caso o ato de improbidade administrativa seja também sancionado como ato lesivo à administração pública de que trata a Lei nº 12.846, de 1º de agosto de 2013.

Andou corretamente o legislador, pois a ação por ato de improbidade administrativa – apesar de as iniciais do Ministério Público normalmente denominarem a ação por ato de improbidade administrativa de ação civil pública e indicarem a Lei nº 7.347/85 – jamais teve essa natureza jurídica.

Por outro lado, ao dizer que "a ação por improbidade administrativa é *repressiva*, de caráter sancionatório, destinada à aplicação de sanções de *caráter pessoal* previstas nesta Lei", está proclamando que se trata de uma ação de conhecimento condenatória-executiva, diversa da ação por ato lesivo à administração pública, matéria disciplinada pela Lei nº 12.846/13.[60]

---

[60] A lei, obviamente, não pode mudar a natureza jurídica de um instituto. Mas, no caso, a lei veio tomar uma posição didaticamente correta, para deixar claro que a ação por ato de improbidade administrativa não é uma ação civil pública, que tem outros objetivos, como aponta o parágrafo único do art. 17-D. De outra banda, a legitimação do Ministério Público para a ação civil pública é concorrente e para a ação por ato de improbidade administrativa é exclusiva.

No entanto, uma leitura mais cuidadosa do art. 17-D revela que o legislador disse menos do que queria dizer – a expressão "e não constitui ação civil" significa, em verdade, como revela a interpretação sistemática, que traz à colação o parágrafo único. O que a lei quis dizer é que não se trata de *ação civil pública*, regida pela Lei nº 7.347/85.[61]

O legislador cometeu outro equívoco: não há possibilidade jurídica de um mesmo fato ser sancionado pela LIA e pela Lei nº 12.846/13: sempre que houver a participação de um agente político ou público na prática do ato ilícito, este será um ato de improbidade administrativa (pelo qual pode *também* responder a pessoa jurídica); sem a participação de qualquer agente político ou público, o ato ilícito praticado exclusivamente por pessoa jurídica será um ato lesivo à administração pública.[62]

2.3 Transformação da ação por ato de improbidade administrativa em ação civil pública

A nova redação dada à LIA trouxe um dispositivo que nos parece flagrantemente inconstitucional:

> Art. 17 (...)
> (...)
> §16 A qualquer momento, se o magistrado identificar a existência de ilegalidades ou de irregularidades administrativas a serem sanadas sem que estejam presentes todos os requisitos para a imposição das sanções aos agentes incluídos no polo passivo da demanda, poderá, em decisão motivada, converter a ação de improbidade administrativa em ação civil pública, regulada pela Lei nº 7.347, de 24 de julho de 1985.

Ocorre que não se cuida, no caso, de correta aplicação do princípio *iura novit curia* porque, para que este seja aplicável ao caso concreto, é preciso que o autor tenha posto em sua inicial *todos os fatos* que entende fundamentar seu pedido, isto é, que sua causa de pedir seja apta a sofrer uma qualificação jurídica diversa daquela que ele lhe deu. Nesse caso,

---

[61] Se se interpretar a norma ao pé da letra, ela é absurda e inconstitucional: os atos de improbidade administrativa não são crimes, e *nullum crimen nulla poena sine lege* (CF, art. 5º, XXXIX – não há crime sem lei anterior que o defina, nem pena sem prévia cominação legal).

[62] A propósito, cf. *Lei Anticorrupção*, escrito pelo autor desta parte e Augusto Neves Dal Pozzo, Beatriz Neves Dal Pozzo e Renan Marcondes Facchinato (3. ed. São Paulo: Contracorrente, 2019).

estarão preservados os princípios da inércia da jurisdição, da iniciativa da parte, e a decisão não será nem *ultra* nem *extra petita partium*.

Assim, exemplificativamente, se o autor pede a desocupação da casa de sua propriedade com fundamento na Lei de Despejo, pode o juiz lhe dar ganho de causa por comodato – desde que todos os fatos que caracterizem esse tipo de contrato estejam na inicial.

Ora, a causa de pedir da ação por ato de improbidade administrativa é completamente diferente da causa de pedir da ação civil pública – não há como operar a "conversão" posta na lei –, a propositura de uma ação por outra é caso clássico de falta de interesse de agir-adequação e de indeferimento da inicial, mediante sentença terminativa. A "conversão" de que fala a norma ainda é inconstitucional, por ferir o princípio da inércia da jurisdição e da iniciativa da parte.

Todavia, caso o juiz declare a carência da ação, mas constate que há elementos nos autos para a propositura da ação adequada, deve enviar cópia dos autos ao Chefe do Ministério Público com atribuição para o caso, a fim de que tome as providências cabíveis.

CAPÍTULO 3

REQUISITOS E AJUIZAMENTO DA PETIÇÃO INICIAL

3.1 Requisitos da inicial

3.1.1 Generalidades

O direito de ação é o direito público subjetivo de exigir do Estado a prestação jurisdicional.[63] O direito de ação nasce quando um outro direito é violado ou ameaçado, ou, então, quando esse direito somente dispõe da via jurisdicional para ser satisfeito.[64] O direito de ação é, por outro lado, um *ônus* – o interessado deve exercê-lo para vencer a inércia da jurisdição (*ne procedat iudex ex officio*).

---

[63] Liebman não nos dá, na última edição de seu *Manuale*, já citado, um conceito conciso do direito de ação, mas cita a definição romana, que considera válida, embora com conteúdo profundamente diverso: *nihil aliud esta actio quam ius persequendi iudicio quo sibi debetur* (p. 138). No entanto, diz, adiante, "que a ação não é o direito a uma prestação: é, antes, um direito de iniciativa e de impulso, com o qual o particular põe em movimento o exercício de uma função pública, pela qual espera a proteção das próprias razões (...) e, pois, um direito fundamental do particular" (p. 141-142). Liebman se aproxima, assim, da teoria de Giuseppe Chiovenda, para quem o direito de ação é um direito potestativo: "poder jurídico de pôr em movimento a condição para a atuação da vontade da Lei" (op. cit., p. 20). Apesar das observações desses insignes juristas, mantemos a definição constante do texto. Em nosso modo de ver, o Estado, ao proibir, como regra, o exercício das próprias razões, instituiu o direito de ação para que o particular possa exigir dele, Estado, a proteção jurisdicional de um direito violado ou ameaçado ou, ainda, de um direito que somente possa se realizar mediante a atuação judicial (ações necessárias). Trata-se, assim, de um direito ao exame de mérito da postulação – mas, se o direito de ação estiver ausente, por falta de suas condições, o Estado não está obrigado ao exame de mérito e deve encerrar o processo sem exame deste, proferindo decisão terminativa. A situação é a mesma nas ações de execução e nas cautelares.

[64] Recorde-se da distinção feita entre ação necessária e ação não necessária.

O direito de ação se exerce, em um primeiro momento, pelo ajuizamento da petição inicial, que inaugura a relação jurídica processual, a princípio bilateral (entre o autor e o juiz), mas que, depois da citação do réu, torna-se triangular.

A prestação jurisdicional somente será devida pelo Estado-Juiz se o direito de ação preencher duas condições: o interesse de agir e a legitimidade.

O interesse de agir compreende o binômio necessidade e adequação. Quem exerce o direito de ação precisa demonstrar que tem necessidade da atuação jurisdicional para a satisfação de seu direito (mais uma vez, recorde-se da distinção entre ações necessárias e não necessárias). Por outro lado, precisa se valer da espécie adequada da ação para tanto, pois o Poder Judiciário não pode entrar em atividade em vão.

A legitimidade se divide em ativa e passiva, como se sabe. Legitimidade ativa é daquele que é titular do direito para o qual se pede a satisfação (legitimação ordinária) ou daquele que tem permissão legal para buscar em juízo um direito alheio (legitimação extraordinária ou substituição processual). Esta última está prevista no art. 18 do CPC:

> Art. 18 Ninguém poderá pleitear direito alheio em nome próprio, salvo quando autorizado pelo ordenamento jurídico.
> Parágrafo único – Havendo substituição processual, o substituído poderá intervir como assistente litisconsorcial.

A legitimação passiva diz respeito a quem deve suportar os efeitos da prestação jurisdicional, ou melhor, aquele em cuja esfera jurídica o autor busca produzir o resultado pedido mediante o exercício do direito de ação – no caso das ações por ato de improbidade administrativa, aquele(s) que deve(m) suportar as sanções de cunho monetário ou de interdição de direitos.

Assim, ainda que com base nessas rápidas observações, pode-se dizer que a inicial é uma peça processual de extrema importância, porque contém a narração da situação jurídica que o autor deduz em juízo e para a qual pede a proteção ou tutela jurisdicional, isto é, formula um pedido.

Por outro lado, a petição inicial limita a *área de cognição do juiz* no que concerne aos fatos, área que eventualmente pode ser ampliada com a contestação do réu, desde que este alegue fato constitutivo, modificativo ou extintivo do direito do autor. Porém, no que tange *aos pedidos formulados pelo autor*, a limitação imposta pela inicial é absoluta, pois o juiz não pode dar ao autor tutela diversa da pedida nem bem jurídico diferente do pleiteado.

3.1.2 Requisitos da petição inicial

Dada a importância da petição inicial, as leis e normas jurídicas processuais buscam relacionar seus requisitos fundamentais.

Nessa esteira, a LIA cuida dos requisitos da inicial em seu art. 17, §6º, mas reforçando apenas a questão atinente aos fatos da causa de pedir (§6º, I) e sua demonstração por documentos (§6º, II), deixando os demais para a disciplina jurídica feita pelo CPC.

Os incisos do art. 17, §6º, mencionados acima, serão vistos no momento oportuno.

Os requisitos previstos no art. 319 do CPC são os seguintes:

> Art. 319 A petição inicial indicará:
> I – O juízo a que é dirigida;
> II – Os nomes, os prenomes, o estado civil, a existência de união estável, a profissão, o número de inscrição no Cadastro de Pessoas Físicas ou no Cadastro Nacional da Pessoa Jurídica, o endereço eletrônico, o domicílio e a residência do autor e do réu;
> III – O fato e os fundamentos jurídicos do pedido;
> IV – O pedido com as suas especificações;
> V – O valor da causa;
> VI – As provas com que o autor pretende demonstrar a verdade dos fatos alegados;
> VII – A opção do autor pela realização ou não de audiência de conciliação ou de mediação.

Considerando os objetivos deste estudo, abordaremos as exigências legais que apresentam aspectos peculiares em face da ação por ato de improbidade administrativa.

3.1.3 Juízo a que é dirigida (Código de Processo Civil, art. 319, I)

Como veremos, o titular exclusivo da ação por ato de improbidade administrativa é o Ministério Público (como substituto processual do Estado),[65] e uma das primeiras questões que seu representante deve

---

[65] Deve ser anotado que, em recentíssimo julgamento, o STF entendeu inconstitucional a exclusividade do Ministério Público, a pretexto de possibilitar que o ente prejudicado

resolver, antes do ajuizamento da inicial, diz respeito à *competência*, para saber em que *foro* e em que *juízo* ou *vara* deve ajuizá-la.[66]

A LIA estabelece a seguinte regra, quanto ao foro competente:

Art. 17 (...)
(...)
§4º-A A ação a que se refere o *caput* deste artigo deverá ser proposta perante o foro do local onde ocorrer o dano ou da pessoa jurídica prejudicada.[67]

Para a ação por improbidade, portanto, há dois *foros concorrentes*: o do local do dano ou do local onde tem sua sede a pessoa jurídica prejudicada. Cabe ao representante do Ministério Público, que tem a titularidade ativa para o ajuizamento da ação, fazer a opção.

Uma primeira observação se impõe desde logo: a norma diz menos do que pretendia dizer, pois se refere apenas ao ato de improbidade administrativa que causa danos ao erário, conquanto possa haver ato de improbidade administrativa sem que ocorra prejuízo nenhum para a Fazenda Pública (arts. 10 e 11). Portanto, a expressão *dano* deve ser interpretada ampliativamente, no sentido de abranger todos os atos de improbidade, e, pois, um dos foros concorrentes será aquele onde qualquer daqueles atos ilícitos se consumou, recordando que, se se tratar de ato de improbidade de consumação permanente, a consumação ocorre quando esta cessar (art. 23 *caput*).[68]

---

busque a aplicação das sanções previstas na LIA. Discordamos dessa posição. A lei pode distribuir atribuições processuais da maneira que pretender (como o fez a Constituição Federal em relação à titularidade absoluta do Ministério Público para a ação penal pública). De outra parte, o ente prejudicado sempre poderá ingressar com ação para cobrar os danos ao erário ou o montante obtido ilicitamente por agente político ou público. Não é tudo: ainda há o art. 5º, LXXIII, que confere a qualquer do povo a ação popular para cobrar danos ao patrimônio público. Ou seja, a entidade não está desprotegida. Contudo, ela não é titular do direito à aplicação das sanções consistentes em interdições de direitos (cujo titular é o Estado) e a lei pode atribuir a legitimação extraordinária somente ao Ministério Público, sem cometer qualquer inconstitucionalidade. A LIA fez muito bem em dar exclusividade ao Ministério Público, pois, na prática (da qual os julgadores estão muito distantes), a ação por ato de improbidade administrativa tem servido de instrumento político em mãos de adversários que galgam ao poder – e não combatem muito pela procedência da demanda, pois buscam, em verdade, a repercussão política que a ação por improbidade produz, comumente alardeada em letras garrafais pela imprensa amiga do poder.

[66] A matéria referente à competência pertence à Teoria Geral do Direito Processual. Sobre o tema, ver DAL POZZO (op. cit., capítulos XXVI e XXVII).

[67] O §5º estabelece a prevenção do foro onde a ação foi ajuizada, matéria que será examinada adiante.

[68] "Art. 23 A ação para a aplicação das sanções previstas nesta Lei prescreve em 8 (oito) anos, contados a partir da ocorrência do fato ou, no caso de infrações permanentes, do dia em que cessou a permanência". Regra extraída da Ciência Penal, que distingue o crime de

Quando o ato de improbidade administrativa atingir um dos Estados-membros ou a União, pode ocorrer de o ato de improbidade administrativa se consumar em local diverso da capital estadual ou de Brasília, onde aqueles entes públicos têm a sua sede. Todavia, o membro do Ministério Público que atua no local em que ocorreu o ato de improbidade administrativa, mas que não pertence à circunscrição judicial que abrange aquelas capitais, normalmente não tem atribuição para oficiar nestas últimas, o que torna a opção juridicamente impossível.

Dessa forma, é recomendável que os órgãos deliberativos dos Ministérios Públicos elaborem um Ato ou Resolução para resolver essa questão – que é meramente administrativa, pois cuida de disciplinar a atribuição dos seus representantes – para regulamentar essa matéria, a fim de dar viabilidade à regra de competência da LIA.

Se houver a possibilidade legal de ser exercida a opção de que cuida a lei, ela pode, eventualmente, tornar muito oneroso o exercício do direito de defesa (caso o processo seja físico, e não virtual). Por essa razão, apesar de se cuidar aqui de hipótese de competência relativa (competência de foro, pelo critério territorial), pode o juiz acolher exceção de incompetência fundamentada em impedimento do pleno exercício da ampla defesa e do contraditório (CF, art. 5º, LV). Haverá choque entre dois princípios – o do critério determinativo da competência relativa e o da ampla defesa, e, nesse caso, este último certamente deve prevalecer.

Resolvida a questão do foro onde a ação será ajuizada, no que tange ao *juízo*, é de se verificar se no foro competente há Vara da Fazenda Pública, pois é desta a competência para as ações por improbidade, exatamente por envolver interesse do erário. Caso não haja Vara da Fazenda Pública, a ação correrá perante Juízo Cível, que, nessa circunstância, tem competência para todas as ações não penais.[69]

Por fim, cabe mencionar uma situação que, embora juridicamente possível, dificilmente ocorrerá na prática: a propositura de duas

---

consumação imediata (crime instantâneo) e crime permanente, isto é, aquele cuja consumação se protrai no tempo. O ato de improbidade administrativa consistente em "receber para si dinheiro de quem tenha interesse em ato da competência do agente que recebe a propina" (art. 9º, I da LIA) é um ato de improbidade administrativa instantâneo, de consumação imediata. Já o ilícito consistente em utilizar em obra particular o trabalho de servidores públicos (art. 9º, IV) é um ato de improbidade administrativa de consumação permanente.

[69] Como se sabe, a determinação da competência do órgão jurisdicional passa por fases: (i) competência internacional do Brasil; (ii) competência de Justiça; (iii) competência de foro; (iv) competência de juízo; e (v) competência interna do juízo. Ver DAL POZZO (op. cit., p. 441, 449).

ações pelo mesmo ato de improbidade administrativa, ajuizadas por representantes do Ministério Público distintos (um estadual e outro federal, por exemplo), pois o ato de improbidade administrativa pode lesar, simultaneamente, o erário estadual e o da União, ou, ainda, pode ocorrer de a mesma ação ser ajuizada no foro da consumação do ato e na respectiva Capital. A LIA prevê essa hipótese no art. 17, §19, III, determinando que esse conflito de atribuições seja resolvido pelo Conselho Nacional do Ministério Público (CNMP) ("III – o ajuizamento de mais de uma ação de improbidade administrativa pelo mesmo fato, competindo ao Conselho Nacional do Ministério Público dirimir conflitos de atribuições entre membros de Ministérios Públicos distintos").

Nada impede, porém, que esse conflito ocorra ainda na fase do inquérito civil – e a solução será a mesma: compete ao CNMP resolvê-lo.[70]

3.1.4 Qualificação das partes (art. 319, II)

A qualificação das partes é requisito essencial da petição inicial, pois a exata identificação do autor e do réu é importante não apenas para a identificação das ações, mas também para estabelecer os limites subjetivos da relação jurídica processual e fornecer os elementos para a indispensável citação do réu ou dos réus.

Segundo Calamandrei, "a qualidade de parte se adquire, abstraindo qualquer referência ao Direito substancial, pelo simples fato, *de natureza exclusivamente processual*, consistente na propositura de uma demanda ao juiz: a pessoa que propõe a demanda e a pessoa contra a qual é proposta adquirem, seguramente, por esse simples fato, a qualidade de parte do processo que com aquela propositura se inicia (...). *As partes são o sujeito ativo e o sujeito passivo da demanda judicial*".[71]

Portanto, a inicial deve conter os dados completos do autor e do(s) réu(s) (na ação por ato de improbidade administrativa, não haverá litisconsórcio ativo).

Como veremos adiante, para que a inicial prospere, as partes têm que ser legítimas.

---

[70] Observe-se que o Ministério Público não tem competência, no sentido do Direito Processual, mas atribuição.

[71] CALAMANDREI, Piero. *Opere Giuridiche*. Nápoles: Morano, 1970. p. 422. v. IV. (grifos originais).

3.1.5 Indicação do fato e dos fundamentos jurídicos do pedido (Código de Processo Civil, art. 319, III)

3.1.5.1 Introdução

Os fatos e os fundamentos jurídicos do pedido constituem a causa de pedir (*causa petendi*) da ação.

A *causa de pedir* é um dos elementos de identificação das ações, ao lado das *partes* e do *pedido*.[72]

Em uma palavra, a causa de pedir deve revelar, na inicial, o *motivo* pelo qual é formulado o pedido, isto é, explicitar a *razão* pela qual o autor formula o pedido em face de determinada pessoa e qual é a base jurídica de sua pretensão. Na ação por improbidade, cabe ao representante do Ministério Público fazer essa exposição, justificando o pedido de condenação do réu nas sanções previstas na LIA.

Sem a causa de pedir, impossível o exercício do direito da ampla defesa, como é intuitivo: o sujeito passivo, sem saber exatamente a razão pela qual o pedido é formulado contra si, não pode se defender amplamente: a ausência ou insuficiência da *causa petendi* viola diretamente o *due process of law*.[73]

Dado que a causa de pedir é integrada pelos *fatos* e pelos *fundamentos jurídicos do pedido*, nela se distinguem: (i) causa de pedir próxima e (ii) causa de pedir remota.

Vejamos separadamente cada uma delas.

3.1.5.2 Causa de pedir próxima

A causa de pedir próxima são os fundamentos jurídicos do pedido (segunda parte do inciso III do art. 319 do CPC), os quais, ao contrário do que possa parecer à primeira vista, não são artigos de lei que o autor entende aplicáveis ao caso.[74]

Em verdade, o fundamento jurídico do pedido é dado pela *natureza do Direito* que o autor pretende ver satisfeito pela via jurisdicional.

---

[72] Como veremos, a identificação das ações, isto é, a comparação de duas ações para verificar se elas são idênticas ou parcialmente iguais, tem grande importância no Direito Processual, pois por essa operação se verifica a ocorrência de coisa julgada, litispendência, continência e conexão.

[73] Sobre o tema, ver DAL POZZO (op. cit., p. 319). Como é notório, o devido processo legal exige a possibilidade do exercício da ampla defesa e do contraditório, garantias asseguradas pela Constituição Federal, art. 5º, LV.

[74] O autor pode formular a inicial sem indicar nenhuma norma legal, conquanto seja recomendável que o faça sempre.

A ação por ato de improbidade administrativa sempre terá por fundamento o Direito Administrativo Sancionador, como explicitamente consta da LIA (art. 1º, §4º: "Aplicam-se ao sistema de improbidade disciplinado nesta Lei os princípios constitucionais do Direito Administrativo Sancionador"), que é uma das ramificações do *jus puniendi*, do qual é titular o Estado. O Ministério Público é substituto processual exclusivo do Estado na ação por ato de improbidade administrativa.[75]

Tratando-se de ação necessária, para expor o fundamento jurídico do pedido basta que o Ministério Público se refira a um ato típico de improbidade administrativa e peça a condenação do(s) réu(s) em uma ou em todas as sanções previstas nos incisos do art. 12 da LIA.[76]

3.1.5.3 Causa de pedir remota

3.1.5.3.1 Introdução

A causa de pedir remota nas ações por ato de improbidade administrativa apresenta certas peculiaridades exigidas pela nova redação dada à LIA como resultado de uma longa experiência forense,

---

[75] Como observa Fábio Medina Osório (*Direito Administrativo Sancionador*. 7. ed. São Paulo: Revista dos Tribunais, 2020. p. 308), "no sistema brasileiro, a subordinação da autoridade administrativa à autoridade judicial, no campo do Direito Administrativo Sancionador, é bastante limitada, mormente em matéria de ilícitos relacionados a especiais relações de sujeição, sobretudo no terreno disciplinar", o que confere àquele ramo do Direito sua autonomia.

[76] Quando se cuida de ação entre particulares, conquanto o CPC exija que o autor exponha os fundamentos jurídicos de seu pedido, a eles não está subordinado o juiz, graças ao princípio tradicionalmente enunciado em latim: *iura novit curia* (o juiz conhece o Direito). Assim, o juiz pode julgar procedente uma ação por fundamento jurídico diverso daquele deduzido pelo autor, desde que não haja alteração: (i) dos fatos alegados pelo autor; (ii) da tutela jurisdicional pedida (pedido imediato); (iii) do objeto (pedido mediato). Se a nova qualificação jurídica dos fatos impuser alteração da tutela jurisdicional ou do bem jurídico pedido, ao juiz não será lícito invocar o princípio do *iura novit curia*, para julgar a ação procedente. Se, por exemplo, o autor pede a devolução de uma casa com fundamento em um determinado contrato, que qualifica, equivocadamente, como sendo contrato de locação, o juiz poderá condenar o réu mesmo que, para tanto, deva qualificar corretamente aquele mesmo contrato como sendo contrato de comodato. O que não poderá fazer é condenar o réu a entregar coisa diversa da pedida ou fundamentar sua decisão em contrato diverso daquele referido pelo autor. Assim, se o autor, com base em fatos objetivos que colocam uma dúvida real a respeito da existência ou não de uma relação jurídica de locação, pede a declaração de existência dessa mesma relação, não poderá o juiz declarar existente uma relação jurídica de comodato, ainda que esta seja a relação jurídica efetivamente gerada na vida real. Neste caso, o juiz estaria – ao aplicar o princípio *iura novit curia* – dando ao autor algo que este não pediu e, assim, ferindo o princípio da inércia da jurisdição (proferindo, isto é, um julgamento *extra petita*). Nesse caso, o magistrado teria que julgar improcedente a ação, declarando a inexistência da relação jurídica de locação, sem afirmar existir qualquer outra.

que evidenciou a necessidade de escrevê-las na lei, dadas a *generalidade* e a *superficialidade* com que as iniciais do Ministério Público cuidavam da *causa petendi*.

Com efeito, muitas vezes as iniciais traziam apenas *conclusões*, mas sem fundamentá-las em fatos objetivamente considerados e que as justificassem. As narrativas eram feitas de maneira tão genérica que se encaixavam, segundo a visão ministerial, em várias das espécies de ato de improbidade administrativa, ficando a critério do juiz o enquadramento final, na sua sentença, pois havia a formulação de *pedidos sucessivos*.[77]

Atualmente, a lei disciplina essa situação jurídica com muito rigor e precisão, o que nos impõe uma análise mais aprofundada.[78]

3.1.5.3.2 Causa de pedir remota e o tipo doloso de ato de improbidade administrativa

Vejamos, inicialmente, as regras do §1º do art. 1º:

§1º Consideram-se atos de improbidade administrativa as *condutas dolosas tipificadas* nos arts. 9º, 10 e 11 desta Lei, ressalvados tipos previstos em leis especiais.

O arquétipo de um ato de improbidade administrativa, portanto, será um dos três *tipos de condutas* previstos nos arts. 9º (enriquecimento ilícito), 10 (danos ao erário) e 11 (violação dos deveres decorrentes dos

---

[77] Contudo, como buscávamos demonstrar em nossas contestações, não era possível, juridicamente, essa formulação porque os pedidos eram incompatíveis entre si. O pedido sucessivo somente é admitido quando o juiz, por razões físicas ou materiais, não pode atender ao primeiro (pedido principal) e, então, pode atender o pedido sucessivo. A hipótese clássica é a do art. 500 do Código Civil: se o autor pede, em via principal, a complementação da área, adquirida *ad mensuram*, mas o réu não dispõe de área contígua para a complementação, o juiz poderá atender ao pedido sucessivo de abatimento do preço ou de rescisão contratual, consoante pedido do autor. Contudo, estes últimos não podem ser cumulados porque cada um deles tem viabilidade prática de ser atendido: são incompatíveis, no sentido de que a escolha ficaria a cargo do juiz, o que fere o princípio da inércia da jurisdição e da iniciativa da parte.

[78] Embora a doutrina sempre tenha exigido que a causa de pedir traçasse um quadro fático que revelasse a natureza do direito exposto em juízo – Direito obrigacional; de família; de propriedade etc. –, o objetivo de punir os corruptos abrandou, e em grau superlativo, as exigências doutrinárias e clássicas em nossa tradição jurídica, permitindo descrições genéricas, baseadas em meras suposições, de maneira que a inicial do Ministério Público se assemelhava a uma tarrafa de malhas finas, capazes de apanhar qualquer tipo de peixe – peixe, aliás, que era escolhido pelo magistrado, livremente, entre os grupos de sanções previstas na LIA. Reproduzia, isto é, a velha fábula de Esopo, sobre o lobo e o cordeiro – se não foi dano ao erário, foi enriquecimento ilícito; se nenhum dos dois, violação aos deveres do art. 11 – de qualquer forma, o réu está condenado!

princípios que devem pautar a administração pública), desde que as ações que os realizem retratem um comportamento *doloso* do agente. Tipo e conduta dolosa, pois, são elementos essenciais para que se aperfeiçoe, no mundo jurídico, o ato de improbidade administrativa.

Ao se referir especificamente à causa de pedir, a LIA assim dispõe:

> Art. 17 (...)
> (...)
> §6º A petição inicial observará o seguinte:
> I – Deverá individualizar a conduta do réu e apontar os elementos probatórios mínimos que demonstrem a ocorrência das hipóteses dos arts. 9º, 10 e 11 desta Lei e de sua autoria (...)

Por outro lado, o §10-D do mesmo artigo estabelece:

> §10-D Para cada ato de improbidade administrativa, deverá necessariamente ser indicado apenas *um tipo* dentre aqueles previstos nos arts. 9º, 10 e 11 desta Lei.

Essa precisão cirúrgica da LIA mudou totalmente o quadro anterior e deve afastar a benevolência judicial ao exame da inicial do Ministério Público: este deve evidenciar com clareza e precisão os fatos que:
- demonstrem que a conduta do agente – omissiva ou comissiva – se enquadre em um dos três tipos de ato de improbidade administrativa previstos na LIA, com todos os elementos destes (objetivos, subjetivos e normativos);
- revelem que essa conduta foi dolosa;
- demonstrem que o autor do ato de improbidade administrativa e o ente que sofre os efeitos do ato ímprobo sejam pessoas qualificadas, na concepção ampla da lei, que veremos a seu tempo.

Fácil constatar, portanto, que a LIA reformada se espelha muito no Direito Penal, o que nos leva a examinar o conceito de *tipo* e de *dolo* segundo a doutrina dos penalistas.

3.1.5.3.3 Tipo e dolo na Lei de Improbidade Administrativa

Os conceitos de tipo e de dolo desde há muito são objeto de estudos pela Ciência Penal e, em verdade, toda formatação da estrutura

sancionatória da LIA é semelhante à do Direito Penal, no qual se inspira
– confirmando aquilo que a doutrina proclama: não há, entre os ilícitos
(penal, civil, administrativo etc.), diferença de essência, mas apenas de
gravidade, tendo em vista o bem jurídico atingido. Sob esse aspecto, não
há como negar que o ato de improbidade administrativa atinge bens
jurídicos de tal importância para a vida social organizada que tangencia
mesmo os bens tutelados pelo Direito Penal.[79]

Quando a LIA toma por empréstimo institutos do Direito Penal,
na doutrina penalista é que devemos buscar as diretrizes fundamentais,
como é o caso do *tipo*.

Para que um fato da vida real possa ser considerado um fato
típico, é preciso que ele se enquadre perfeitamente no modelo legal,
isto é, da forma como vem descrita na lei a situação jurídica vedada,
considerando seus elementos constitutivos essenciais: (i) conduta (ação
e omissão); (ii) resultado; (iii) relação de causalidade e (iv) tipicidade.

Vejamos esses elementos.

3.1.5.3.3.1 Conduta

A conduta é um agir ou um omitir humano consciente e dirigida
a um determinado fim,[80] o que exclui as ações praticadas pelos animais
e os fatos naturais.

Se a ação ou omissão nascem no interior do agente (no seio de
sua vontade), elas devem se exteriorizar, ou seja, alterar a realidade,
quando se tratar de ato comissivo, ou, então, consistir em abstenção da
prática de um ato esperado, isto é, na omissão de um comportamento
exigível do agente.

Se a vontade do agente se volta para atingir um dos resultados
ilícitos previstos nos art. 9º, 10 e 11, agirá com *dolo*, cujo enunciado está
expresso no art. 1º, §2º:[81]

---

[79] Como preleciona Fábio Medina Osório (op. cit., p. 308), "não se pode desconhecer que os mesmos fatos, na seara penal, podem constituir crimes de menor potencial ofensivo, ou delitos de baixo apenamento, como é o caso da prevaricação, e ao mesmo tempo caracterizar atos ímprobos ou graves infrações administrativas". A conclusão é esta: certas sanções administrativas são mais severas que as penais.

[80] Conceito da chamada Teoria Finalista da Ação, hoje dominante no pensamento dos penalistas.

[81] O ato ilícito pode também ser praticado com culpa, "quando o agente deu causa ao resultado por imprudência, negligência ou imperícia" (art. 18, II, do Código Penal). Mas, para a LIA, somente importam os atos dolosos.

§2º Considera-se dolo a vontade livre e consciente de alcançar o resultado ilícito tipificado nos arts. 9º, 10 e 11 desta Lei, não bastando a voluntariedade do agente.

Todavia, é preciso observar que a LIA não importou todo o conceito de dolo do Direito Penal, que o admite, ainda, na forma *eventual*.

Art. 18 Diz-se o crime:
I – doloso, quando o agente *quis* o resultado ou *assumiu* o risco de produzi-lo.

Essa segunda modalidade de dolo – chamada de dolo eventual – não pode ser considerada para efeito da LIA, pois a essa espécie de dolo o legislador não fez referência no §2º do art. 1º.[82]

3.1.5.3.3.2 Resultado

A maioria dos tipos de ilícito se perfaz com um resultado, que se caracteriza como um efeito concreto e externo à ação (ou à omissão), como "receber vantagem indevida" (art. 9º): o recebimento dessa vantagem é um trecho da realidade que é externo à vontade e à ação de receber; é ter em mãos a vantagem indevida; é apropriar-se dela; é integrá-la em um patrimônio jurídico.

Todavia, muitas vezes o ilícito se concretiza pela própria conduta, independentemente de seu efeito externo. Assim, o inciso VIII do art. 9º fala em "aceitar emprego" oferecido por pessoa física ou jurídica que tenha interesse que possa ser amparado por ação ou omissão decorrente das atribuições do agente público, durante a atividade. Nesse caso, não é preciso que o agente público favoreça efetivamente aquele que lhe ofertou emprego – basta que o agente aceite o emprego ofertado.

Toda vez que a LIA se vale da expressão "permitir" (e são muitas!) nos artigos que descrevem o tipo de ato de improbidade administrativa, ela está se referindo a um comportamento omissivo do

---

[82] A Nova LIA aboliu o ato de improbidade administrativa praticado com culpa, que na velha legislação era elemento subjetivo admitido para a prática de danos ao erário. Todavia, sempre entendemos que essa previsão era inconstitucional porque a LIA, em sua redação original, não previa sanções específicas para a conduta culposa, diferentemente das sanções previstas para as condutas dolosas, ignorando o princípio da isonomia, isto é, tratando igualmente os desiguais, para lembrarmos a famosa definição de igualdade de Ruy Barbosa, na "Oração aos Moços".

agente público: quem permite se omite de não permitir, de impedir o ato, que seria o seu dever.

3.1.5.3.3.3 Relação de causalidade

Entre a conduta e o resultado deve haver uma relação de causa e efeito, o que os penalistas comprovam pelo chamado processo hipotético de eliminação – que considera como causa o fato sem o qual o resultado não ocorreria.

Para que esse raciocínio não seja levado a extremos indesejáveis, entende-se que o ato voluntário do agente, culposo ou doloso, limita a sequência causal. No campo penal, costuma-se dar o exemplo do homicídio por arma de fogo: a rigor, a produção da arma, a sua venda etc. podem ser consideradas concausas do crime – mas a *vontade dolosa* ou *culposa* do homicida interrompe essa cadeia causal de fato, pois esse fim (homicídio) não estava presente nas concausas anteriores.

Vale observar que, para a LIA, somente importa a vontade dolosa (dolo direto) do agente em realizar o ato ímprobo – e é preciso que a inicial estabeleça essa conexão de causa e efeito entre o ato omissivo ou comissivo e o ilícito.

3.1.5.3.3.4 Tipicidade

A tipicidade exige que a situação de fato ocorrida se ajuste com precisão aos elementos do ato ilícito descritos na lei.

Todavia, a descrição do ato ilícito nem sempre é feita somente com elementos *objetivos*, pois pode apresentar elementos *subjetivos* e, ainda, elementos *normativos*.

O elemento subjetivo é exigido pelo tipo sempre que ele requeira uma finalidade específica a motivar a vontade do agente, como consta do inciso XII do art. 9º: "usar, em *proveito próprio*, bens, rendas, verbas ou valores integrantes do acervo patrimonial das entidades mencionadas no art. 1º dessa lei".

Elemento normativo do tipo é aquele que exige uma certa valoração, tendo em vista outras normas jurídicas. Assim, quando o art. 9º, *caput*, fala em "auferir qualquer tipo de vantagem patrimonial *indevida*", está mencionando um elemento normativo – é preciso um juízo de valor para que a vantagem patrimonial seja considerada indevida.

3.1.5.3.4 Os tipos de ato de improbidade administrativa na Lei de Improbidade Administrativa

Como visto, a LIA, tanto no §1º como no §2º do art. 1º, se refere às "condutas dolosas tipificadas nos arts. 9º, 10 e 11" e ao "resultado ilícito tipificado nos arts. 9º, 10 e 11".

É preciso dizer que, embora os arts. 9º, 10 e 11 contenham vários incisos prevendo diversas condutas, eles não consubstanciam *outros tipos de ato de improbidade administrativa*, mas maneiras diferentes de serem realizados os tipos previstos no *caput* daqueles dispositivos legais.

Portanto, três são os tipos legais de atos de improbidade administrativa: enriquecimento ilícito (art. 9º), danos ao erário (art. 10) e violação de dever previsto no art. 11.

Em verdade, o legislador nem precisava descrever, naqueles incisos, as possíveis condutas que realizam os tipos previstos no *caput*.

Dado, porém, que uma das primeiras leis a cuidar do tema – a Lei Bilac Pinto (Lei nº 3.503/58) didaticamente já adotara esse sistema –, o Projeto de Lei de Fernando Collor de Mello, inspirado naquela lei e que resultou na Lei nº 8.429/92, seguiu essa mesma linha, mantida agora pela LIA reformada.[83]

Dessa forma, os incisos não são outros tipos de atos de improbidade administrativa, mas comportamentos que se enquadram no respectivo *caput*.

O legislador poderia ter escrito somente o *caput* dos três artigos referidos, pois, como se sabe, o tipo é a descrição dos *elementos*

---

[83] Antes da Lei Bilac Pinto houve a Lei Pitombo-Godói Ilha (Lei nº 3.164/57), que previa o "sequestro e perda em favor da Fazenda Pública [d]os bens adquiridos pelo servidor público, por influência ou abuso de cargo ou função, ou emprego em entidade autárquica, sem prejuízo da responsabilidade criminal em que aquele tenha incorrido" (art. 1º). Seguiu-se, a respeito do tema, a Lei Bilac Pinto (Lei nº 3.502/58). Interessante a história da Lei Bilac Pinto, que levou o nome de seu autor, então deputado federal e ferrenho opositor de Juscelino Kubistchek, Presidente da República, que estava construindo Brasília. Seu projeto foi apresentado a pretexto de punir atos ímprobos que em sua visão o Governo Central vinha praticando ao realizar essa obra gigantesca. Juscelino tinha maioria no Congresso para impedir a aprovação da lei, mas, se se valesse dessa circunstância, daria sabor de verdade às críticas de Bilac Pinto. A lei foi aprovada. O seu art. 5º conferia legitimidade ativa à pessoa jurídica de Direito público ou privado interessada, mas o seu §2º dizia: "Esgotado esse prazo, qualquer cidadão será parte legítima para tomar a iniciativa do procedimento judicial, devendo a pessoa jurídica de Direito público ou privado interessada ser citada para integrar o contraditório na qualidade de litisconsorte da parte autora, bem como para suprir as omissões e falhas da inicial e para apresentar e indicar os documentos ou outros meios de prova de que disponha". Juscelino deixou passar a lei, mas vetou a iniciativa popular para a ação de improbidade, ficando apenas os entes públicos legitimados para tanto. O veto foi mantido. Resultado: ao que se sabe, nunca uma ação com fundamento na Lei Bilac Pinto foi ajuizada.

constitutivos básicos do ilícito (ou do ato lícito) capazes de albergar as milhares formas e condutas para realizá-lo. É a maneira engenhosa e criativa do Direito, consistente em ter por modelo uma fórmula capaz de absorver mil maneiras de se praticar determinado ato.

Quando o Código Penal prevê o crime de homicídio, por exemplo, diz apenas – "Matar alguém" (art. 121). A pena imposta revela que essa conduta é proibida e que pode ser realizada de maneiras diversas – mas o delito será sempre de homicídio ("matar alguém").

Essa concepção tem outra consequência importante: se o agente, mediante comportamento não previsto nos incisos daqueles artigos, enriquece indevidamente, causa danos ao erário ou viola os deveres do art. 11, praticará ato de improbidade administrativa.

Portanto, além de não se constituírem em espécies diversas de atos de improbidade administrativa, aqueles incisos não exaurem todas as maneiras possíveis de realização dos tipos a que estão conectados.

Em outras palavras, eles não representam um *numerus clausus*, ou seja, não será somente pela prática dos atos e comportamentos previstos nos incisos dos arts. 9º, 10 e 11 que estará tipificado o ato de improbidade administrativa, pois os elementos básicos do ato ímprobo estão no *caput* daqueles artigos.

3.1.5.3.5 Revisão da matéria e conclusões quanto à causa de pedir remota

A causa de pedir remota nas ações por ato de improbidade administrativa apresenta certas peculiaridades exigidas pela nova redação dada à LIA, resultantes de uma longa experiência forense que evidenciou essa necessidade como natural reação à generalidade e à superficialidade com que as iniciais das ações por ato de improbidade administrativa narravam a causa de pedir remota. Descrições sem apoio fático, conclusões e não exposição de fatos que as justificassem, enquadramento em vários tipos de atos de improbidade, deixando a "escolha" do mais adequado a critério do juiz.

Em conclusão, é preciso realçar que a causa de pedir é um dos elementos mais importantes da inicial, pois ela garante o exercício da ampla defesa e do contraditório, além de limitar, em um primeiro momento, a atividade cognitiva do juiz e os pedidos que deve examinar, para deferi-los ou não. Sob certo ângulo, garante a presença do Estado de Direito, porque confere ao acusado segurança jurídica para o exercício da ampla defesa.

A LIA reformulada deu muita atenção à causa de pedir, conquanto em disposições não concentradas: o tipo e o dolo passaram a ser de importância fundamental na descrição dos fatos que devem estar presentes na causa de pedir e, como veremos, o pedido deverá ser de um único grupo de sanções, que estão descritos nos três incisos do art. 12.

Isso significa que o autor deve descrever os fatos que se enquadram em um dos tipos legais e os fatos que permitam concluir pela forma dolosa do comportamento do agente, o que significa uma precisa descrição de atos, fatos e situações concretas que demonstrem a vontade direta do agente político, do agente público e de eventuais participantes, dirigidas à prática ou ao concurso para a realização do ato ímprobo ou, então, para um comportamento omissivo, com as mesmas finalidades. Além disso, deve demostrar a relação de causalidade entre a conduta e o resultado; o tipo de ato de improbidade administrativa, com todos os seus elementos subjetivos e normativos.

Por fim, a causa de pedir deve respeitar os limites impostos pelo §10-D do art. 17: o mesmo e único ato de improbidade administrativa somente pode ser enquadrado em uma das três espécies típicas previstas na LIA.

Somente assim o magistrado poderá considerar que a causa de pedir está correta.

3.1.6 O pedido com suas especificações – ausência de solidariedade passiva (Código de Processo Civil, art. 319, IV)

3.1.6.1 Generalidades

Dois são os tipos de pedido que o autor formula na ação: o pedido imediato (tipo de tutela jurisdicional pleiteada) e o pedido mediato (bem jurídico pretendido).[84]

Nas ações por ato de improbidade administrativa, o pedido imediato será sempre uma tutela condenatória-executiva. Caso haja cumulação de ação cautelar (como veremos adiante), nesta o pedido imediato é o deferimento de medida cautelar.

---

[84] Salvo nas ações de conhecimento declaratórias, em que há unicamente o pedido imediato, que traz a certeza buscada pelo autor quanto à existência ou inexistência de uma relação jurídica ou quanto à autenticidade ou falsidade de documento. Essa espécie de certeza é um bem jurídico que somente a ação declaratória pode dar, porque afirmada solenemente por um órgão jurisdicional. Ela é mais forte, por sua indiscutível credibilidade, que uma declaração formal do réu.

3.1.6.2 Pedido mediato

Contudo, pela sua complexidade, aqui nos interessa mais de perto o *pedido mediato*, que, de um modo geral, pode ser conceituado como aquilo que satisfaz ao direito do autor deduzido em juízo.

Nas ações por ato de improbidade administrativa, o pedido mediato pode ser de duas espécies:[85]

(i) Uma soma em dinheiro para:
- reparar os danos causados ao erário;
- devolver o que foi adquirido ilicitamente (enriquecimento ilícito);
- pagamento de multa civil pelo ato ilícito praticado.

(ii) Interdição de direitos, que consiste em:
- suspensão dos direitos políticos;[86]
- perda da função pública;
- proibição de contratar com o Poder Público;
- proibição de receber benefícios ou incentivos fiscais ou creditícios, direta ou indiretamente, ainda que por intermédio de pessoa jurídica da qual seja sócio majoritário, por prazos máximos estabelecidos pela LIA.

É o pedido mediato que baliza o *decisum* da sentença: por essa razão, ele deve conter todos os elementos capazes de torná-lo inequívoco. O juiz não pode dar ao autor tutela jurisdicional diversa daquela pedida (pedido imediato) nem um bem jurídico (no caso, sanção administrativa) em quantidade diversa ou de natureza diferente do que foi pleiteado pelo autor, segundo o art. 492 do CPC:

> Art. 492 É vedado ao juiz proferir decisão de *natureza* diversa da pedida [pedido imediato], bem como condenar a parte em *quantidade* superior ou em *objeto diverso* do que lhe foi demandado [pedido mediato].

---

[85] A sanção ou sanções pleiteadas "satisfazem", ou melhor, realizam o direito de punir do Estado, que é uma exigência de interesse público, o qual se inclina, decisivamente, para a realização da vontade punitiva da lei pelo ilícito praticado, condição de sobrevivência profícua da própria sociedade.

[86] A nova LIA não mais prevê a sanção de suspensão dos direitos políticos para o ato de improbidade do art. 11.

A Nova LIA fez questão de deixar de maneira expressa a sua adesão ao princípio da inércia da jurisdição e da iniciativa da parte em dois parágrafos do art. 17-A:

§10-C Após a réplica do Ministério Público, o juiz proferirá decisão na qual indicará com precisão a tipificação do ato de improbidade administrativa imputável ao réu, sendo-lhe vedado modificar o fato principal e a capitulação legal apresentada pelo autor.

(...)

§10-F Será nula a decisão de mérito total ou parcial da ação de improbidade administrativa que:
I – condenar o requerido por tipo diverso daquele definido na petição inicial;

Dada a importância do pedido mediato, o CPC estabeleceu, a respeito, várias regras, a começar pelas que constam dos art. 322 e 324, as quais determinam que o pedido seja *certo* e *determinado*.

Pedido certo é o *pedido expresso* e que se contrapõe ao pedido tácito; *pedido determinado* é o delimitado em sua extensão e qualidade (ou natureza). Esses atributos são exigidos cumulativamente. O objetivo do legislador é que o autor formule seu pedido (imediato e mediato) de tal forma que não transmita qualquer *insegurança* ao réu e, muito menos, ao juiz.

O pedido deve ser feito de forma a tornar absolutamente individualizado o bem jurídico pleiteado pelo autor.

Embora a doutrina distinga várias espécies de pedido (certo e determinado, contido, genérico, subsidiário, alternativo), no âmbito da LIA é admitido o *pedido certo* e *determinado* no que se refere às sanções consistentes em interdições de direitos, mas, no tocante ao pedido de devolução de importância por enriquecimento ilícito ou por danos ao erário, ela admite também o *pedido genérico*, mas com algumas especificidades.

Importante recordar, para a matéria sob exame, a seguinte norma da LIA:

Art. 17 (...)
(...)
§10-D Para cada ato de improbidade administrativa, deverá necessariamente ser indicado apenas um tipo dentre aqueles previstos nos arts. 9º, 10 e 11 desta Lei.

O autor, portanto, deve indicar o tipo de ato de improbidade que entendeu ter ocorrido e formular seu pedido imediato de natureza condenatória-executiva e os pedidos mediatos consistentes nas sanções previstas para esse tipo de improbidade.[87]

No que diz respeito às interdições de direitos, o autor deve pedir a respectiva duração. Note-se, a propósito, que o sistema da LIA é diverso daquele adotado no âmbito do processo penal, no qual a dosimetria da pena fica a critério judicial. Em matéria de improbidade, cabe ao Ministério Público especificar o tempo de duração das sanções, dentro dos limites impostos para cada espécie de ato de improbidade administrativa.

O pedido mediato será *genérico* sempre que o Ministério Público não conseguir determinar, desde logo, o valor a ser devolvido por enriquecimento ilícito ou para ressarcimento do erário, com base no art. 324, §1º, II, do CPC ("quando não for possível determinar, desde logo, as consequências do ato ou do fato").

De acordo com a sistemática da LIA, o Ministério Público deve, na inicial, caso não possa desde logo indicar importância certa e determinada, fazer uma *estimativa* (art. 16, §6º) e indicar, para cada um dos réus, o valor da condenação pretendida, como se deduz da seguinte norma jurídica:

Art. 17-C (...)
(...)
§2º Na hipótese de litisconsórcio passivo, a condenação ocorrerá no limite da participação e dos benefícios diretos, vedada qualquer solidariedade.

Ora, se a condenação somente pode ocorrer no limite da participação e dos benefícios diretos, na inicial – para não haver quebra do princípio da iniciativa da parte e da inércia da jurisdição –, o Ministério Público deve indicar (pedido certo) ou estimar (pedido genérico) o valor que pleiteia de cada réu, recordando, ainda, que a norma impede que entre os réus haja *solidariedade*, isto é, os valores devem ser cobrados de cada réu, individualmente, por aquilo que ele é responsável – e essa importantíssima regra tem aplicação não apenas aqui, mas no pedido de indisponibilidade de bens (como veremos) e na própria sentença de mérito.

---

[87] Para cada tipo de ato de improbidade, o art. 12 prevê uma série de sanções. O autor não precisa buscar a imposição de todas, embora isso ocorra quase sem exceção, mas o juiz poderá atender alguns dos pedidos e rejeitar outros.

Caso haja necessidade, haverá a liquidação da sentença, posteriormente (art. 18, §1º).[88]

3.1.7 Estabilização do processo – causa de pedir e pedido

Por fim, cabe salientar que os princípios estabelecidos no CPC, em seu art. 329, a respeito da estabilização do processo e, pois, do pedido e da causa de pedir, se aplicam às ações por ato de improbidade administrativa: o processo é havido como estável quando não mais possam ser alterados o pedido e a causa de pedir.

Na verdade, os elementos objetivos da ação – pedido e causa de pedir – podem se modificar durante os momentos iniciais do processo. Todavia, com o passar do tempo e a realização de certos atos processuais, a ação (e o processo) vão ganhando *estabilidade*.

No que tange às partes, essa estabilidade não é perene, pois pode ocorrer o falecimento de uma delas – e, em não se tratando de ação personalíssima, haverá sua substituição pelos sucessores ou herdeiros (como no caso de ação por improbidade).

Contudo, do ponto de vista dos *elementos objetivos* (pedido e causa de pedir), essa estabilização é progressiva, mas, a partir de certo momento, será definitiva.

> Art. 329 O autor poderá:
> I – Até a citação, aditar ou alterar o pedido ou a causa de pedir, independentemente de consentimento do réu;
> II – Até o saneamento do processo, aditar ou alterar o pedido e a causa de pedir, com consentimento do réu, assegurado o contraditório mediante a possibilidade de manifestação deste no prazo mínimo de 15 (quinze) dias, facultado o requerimento de prova suplementar.
> Parágrafo único. Aplica-se o disposto neste artigo à reconvenção e à respectiva causa de pedir.

Portanto, temos:
(i) *Antes da citação*: ampla possibilidade de o autor aditar (acrescer algo) ou alterar (modificar) o pedido e/ou a causa de pedir;

---

[88] A LIA, ao fazer referência à liquidação da sentença para seu cumprimento, aceita o sistema do CPC, no sentido de que há apenas uma ação, com duas fases distintas: constatação importante para a prescrição intercorrente depois de transitada em julgado a sentença de mérito.

(ii) *Depois da citação e antes da prolação do despacho saneador*: alteração consentida – as alterações precisam do consentimento do réu e da possibilidade de este exercer a ampla defesa;

(iii) *Após a prolação do despacho saneador* – qualquer alteração (com exceção das partes) – o processo se encontra estabilizado.

Contudo, é possível prognosticar que o réu em ação de improbidade muito dificilmente concordará com as alterações propostas pelo Ministério Público, após a citação.

3.1.8 O valor da causa (Código de Processo Civil, art. 319, IV)

Também é de grande importância a fixação do valor da causa, que produz reflexos em muitas áreas do processo.

O CPC não deixa ao alvedrio da parte a fixação do valor da causa, mas traça critérios para tanto.

Em primeiro lugar, ele exige que se atribua um valor a toda causa, ainda que ela não represente um ganho econômico ou financeiro, como ocorre, por exemplo, na área que examinamos, de ato de improbidade administrativa que viole os deveres do art. 11, sem prejuízo ao erário. Nesses casos, cabe ao autor atribuir um *valor estimativo* à causa, porque toda causa tem que ter um valor.

> Art. 291 A toda causa será atribuído valor certo, ainda que não tenha conteúdo econômico imediatamente aferível.

A seguir, a lei processual, no art. 292, estipula como calcular o valor da causa, sendo que, de todos os seus incisos, extrai-se o princípio geral de que o valor da causa será o benefício econômico pleiteado pelo autor – que na ação por improbidade pode ser o valor do ressarcimento aos danos ao erário ou o valor do enriquecimento ilícito, separada ou conjuntamente, conforme a hipótese.

Todavia, entendemos que o valor da multa civil pleiteada não integra o valor da causa, uma vez que ela é formalmente excluída dos valores a serem indisponibilizados para assegurar o cumprimento da sentença, matéria que será vista adiante.

A razão desse entendimento decorre do disposto no §10 do art. 16:

Art. 16 (...)

(...).

§10 A indisponibilidade recairá sobre bens que assegurem exclusivamente o integral ressarcimento do dano ao erário, sem incidir sobre os valores a serem eventualmente aplicados a título de multa civil (...).

Ora, se a LIA veda a inclusão do valor da multa pleiteada no valor dos bens que podem ser indisponibilizados, não há motivo para que eles integrem o valor da causa: *ubi eadem ratio ibi eadem dispositio*, como diziam os romanos. Não há sentido em excluir, *a priori*, a multa no que diz respeito aos valores a serem indisponibilizados para garantia do processo e incluí-las no valor da causa.

No *caput* do artigo transcrito, lê-se que o valor da causa deve constar da petição inicial ou da reconvenção (mas a referência à reconvenção é redundante, pois ela também se inicia com a petição inicial, por se tratar de uma ação, conquanto tenha efeito pedagógico).

Se o réu discordar do valor da causa atribuído pelo autor, poderá impugná-lo:

Art. 293 O réu poderá impugnar, em preliminar da contestação, o valor atribuído à causa pelo autor, sob pena de preclusão, e o juiz decidirá a respeito, impondo, se for o caso, a complementação das custas.

O código anterior previa a impugnação em separado. Todavia, o CPC atual determina que ela se faça mediante *questão preliminar*, deduzida na própria contestação. Se não o fizer, a questão estará preclusa (salvo, é claro, correção de ofício pelo juiz).[89]

Decidido o incidente, o juiz poderá determinar que o autor complemente as custas, por ter atribuído à causa um valor menor que o devido, regra, todavia, que não se aplica ao Ministério Público. Mas, mesmo assim, a correção do valor da causa terá efeitos quanto ao pagamento do preparo de recurso interposto pelo réu.

---

[89] O juiz, efetivamente, tem o poder de corrigir de ofício o valor da causa, segundo o disposto no §3º do art. 292: "O juiz corrigirá, de ofício e por arbitramento, o valor da causa quando verificar que não corresponde ao conteúdo patrimonial em discussão ou ao proveito econômico perseguido pelo autor, caso em que se procederá ao recolhimento das custas correspondentes". Se o valor da causa depender de simples cálculo aritmético, como a soma de valores pleiteados, por exemplo, o juiz corrigirá o valor da causa de ofício, sem maiores delongas. Porém, se for preciso algum tipo de avaliação ou conhecimento especializado, o valor será determinado por arbitramento.

3.1.9 As provas com que o autor pretende demonstrar a verdade dos fatos alegados (Código de Processo Civil, art. 319, VI)

Uma das funções do magistrado nas ações de conhecimento é a verificação dos fatos: pesquisar como ocorreram, no passado, os fatos controversos. Para tanto, cabe às partes indicar os *meios de prova* dos quais se utilizarão para provar a sua versão dos fatos: *allegare nihil et allegatum non probare paria sunt*. Todavia, nem todas as maneiras de se comprovar um fato têm validade na esfera processual:

> Art. 369 As partes têm o direito de empregar todos os *meios legais*, bem como os *moralmente legítimos*, ainda que não especificados neste Código, para provar a verdade dos fatos em que se funda o pedido ou a defesa e influir eficazmente na convicção do juiz. (CPC)

Assim, uma declaração obtida mediante coação, uma interceptação telefônica não autorizada judicialmente, uma invasão de computador para obtenção de dados pertinentes à privacidade da pessoa etc. são meios de prova vedados, por exemplo.

No âmbito da ação por ato de improbidade administrativa, os principais meios de prova são: documental, pericial, testemunhal, depoimento pessoal do réu e inspeção judicial.

O CPC regulamenta detalhadamente a produção dessas provas.

Na inicial, porém, basta que o autor mencione quais meios de prova que pretende utilizar, mas as provas documentais devem ser anexadas à petição inicial e especialmente, se houver, o inquérito civil:

> Art. 320 A petição inicial será instruída com os documentos indispensáveis à propositura da ação (Código de Processo Civil).

Essa exigência também é feita pela LIA, em dispositivos legais já mencionados:

> Art. 17
> (...)
> §6º A petição inicial observará o seguinte:
> I – deverá individualizar a conduta do réu e apontar os elementos probatórios mínimos que demonstrem a ocorrência das hipóteses dos arts. 9º, 10 e 11 desta Lei e de sua autoria, salvo impossibilidade devidamente fundamentada;

II – será instruída com documentos ou justificação que contenham indícios suficientes da veracidade dos fatos e do dolo imputado ou com razões fundamentadas da impossibilidade de apresentação de qualquer dessas provas, observada a legislação vigente, inclusive as disposições constantes dos arts. 77 e 80 da Lei nº 13.105, de 16 de março de 2015. (CPC)

Essa exigência tem por fundamento o princípio do contraditório – as partes devem conhecer as razões e as provas, umas das outras, para terem a possibilidade de contrariá-las.

O art. 17, §10-C, da LIA faz referência a uma decisão judicial que será examinada a seu tempo e, logo em seguida, estabelece: proferida a decisão referida no §10-C, "as partes serão intimadas a *especificar* as provas que pretendem produzir" (art. 17, §10-E).

Portanto, além da juntada de documentos e da indicação genérica dos meios de prova feita na inicial e na contestação, após aquela decisão – que se assemelha ao saneador do processo civil comum –, as partes devem indicar os efetivos meios de prova que pretendem utilizar, justificando-os. O juiz poderá deferi-los ou não.

No que tange à prova testemunhal, se for deferida pelo juiz, este determinará a apresentação do respectivo rol, pelo menos quinze dias de ela ser ouvida. O rol das testemunhas deve ser bem claro e indicar, se possível, "o nome, a profissão, o estado civil, a idade, o número de inscrição no Cadastro de Pessoas Físicas, o número de registro de identidade e o endereço completo da residência e do local de trabalho" (CPC, art. 450).[90]

A produção da prova seguirá as regras do CPC.

3.1.10 Opção do autor pela realização ou não de audiência de conciliação (Código de Processo Civil, art. 319, VII)[91]

No procedimento comum, o CPC determina ao juiz que, ao despachar a inicial, designe audiência de conciliação ou mediação com

---

[90] Tendo em vista o prazo de quatro anos para a prescrição intercorrente, o réu poderá usar o artifício de indicar testemunhas que residem foram da comarca, para serem ouvidas por precatória. Se o juiz se convencer da necessidade dessas oitivas, deverá se valer dos recursos eletrônicos para apressar a realização da prova testemunhal.

[91] A norma fala também em audiência de mediação, que não se aplicaria, sequer em tese, às ações por improbidade administrativa.

antecedência mínima de trinta dias, devendo o réu ser citado com pelo menos vinte dias de antecedência; o autor deverá ser intimado na data designada. Porém, para que a audiência se realize, é preciso que ambas as partes concordem com sua realização (CPC, art. 334 e parágrafos).

A LIA permite – dentro de certos limites e circunstâncias – a celebração de acordo de não persecução civil (ANPC) e, pois, uma conciliação, segundo o art. 17-B: "O Ministério Público poderá, conforme as circunstâncias do caso concreto, celebrar acordo de não persecução civil, desde que dele advenham, aos menos, os seguintes resultados: (...)", sendo que para essa composição há regras expressas na LIA e em Atos e Resoluções do Ministério Público.

Porém, a eventual conciliação que ocorra no âmbito da ação por improbidade não deve seguir as regras acima expostas e previstas pelo CPC, pois a LIA não considerou essa possibilidade, logo no início do processo:

> Art. 17 (...).
> (...)
> §7º Se a petição inicial estiver em devida forma, o juiz mandará autuá-la e ordenará a citação dos requeridos para que a contestem no prazo comum de 30 (trinta) dias, iniciado o prazo na forma do art. 231 da Lei nº 13.105, de 16 de março de 2015. (CPC)

Ou seja, a citação, nas ações por ato de improbidade administrativa, é feita para que o réu apresente sua resposta (que pode ser, como veremos, a contestação ou a reconvenção).

3.1.11 Questões correlatas

3.1.11.1 Parte final do inciso I do §6º do art. 17

A parte final do inciso I do §6º do art. 17 merece considerações em separado.

Segundo essa norma, o autor da ação deverá "individualizar a conduta do réu e apontar os elementos probatórios mínimos que demonstrem a ocorrência das hipóteses dos arts. 9º, 10 e 11 desta Lei e de sua autoria, salvo impossibilidade devidamente fundamentada".

Data maxima venia, a regra não faz o menor sentido.

Indaga-se: como o Ministério Público pode chegar à conclusão de que determinado agente praticou certo ato de improbidade administrativa sem elementos probatórios mínimos?

A petição inicial que descrevesse uma conduta atribuída a determinada pessoa (física ou jurídica) sem esclarecer de onde vieram os elementos constitutivos de tal descrição jamais poderia ser aceita, pois torna a defesa do réu simplesmente impossível. Essa inicial fere o princípio do devido processo legal, sem possibilidade de dúvidas. Falta a ela a causa de pedir e é inepta.

Dessa forma, a regra de encerramento da norma é flagrantemente inconstitucional.

Ademais, o Ministério Público dispõe do inquérito civil e do poder de requisição, o que também torna inverossímil a possibilidade de aplicação dessa regra jurídica.

3.1.11.2 Casos de exclusão de tipicidade

3.1.11.2.1 Ausência de dolo – art. 1º, §3º

> Art. 1º (...)
> (...)
> §3º O mero exercício da função ou desempenho de competências públicas, sem comprovação de ato doloso com fim ilícito, afasta a responsabilidade por ato de improbidade administrativa.

O exercício das atividades públicas sofre regramentos cada vez mais numerosos e detalhistas, seja por leis, decretos, portarias, atos administrativos etc.

Assim, a agitação da vida da administração pública muitas vezes faz com que o agente político ou agente público se esqueça ou deixe de observar regras formais ou, ainda, pela urgência da medida, nem possa cumprir todas elas. Porém, a inobservância dessas formalidades, *desde que não haja prejuízo para o interesse público*, não deve ter por consequência a imposição das severas sanções previstas pela LIA.

A fim de evitar que esse agente, por tal motivo, sofra a ação por ato de improbidade administrativa, em boa hora o legislador *afastou a tipicidade* desse comportamento, desde que não haja comprovação dolo, isto é, a vontade livre e deliberada de praticar ato de improbidade administrativa, ou seja, de obter enriquecimento ilícito, de causar danos ao erário ou de violar os deveres do art. 11.

Pas de nullitè sans grief, como dizem os franceses – nenhuma nulidade, sem prejuízo. O aspecto formal deve ceder ao aspecto substancial, pois a forma existe justamente para proteção do ato.

3.1.11.2.2 Falhas formais irrelevantes, sem dolo e sem prejuízo ao erário – art. 10, §1º

> Art. 10 (...)
> §1º Nos casos em que a inobservância de formalidades legais ou regulamentares não implicar perda patrimonial efetiva, não ocorrerá imposição de ressarcimento, vedado o enriquecimento sem causa das entidades referidas no art. 1º desta Lei.

A regra jurídica é deveras estranha.

De um lado, é claro que se não houve dado efetivo ao erário, não haverá qualquer ressarcimento – mas essa regra é inútil, porque apenas reafirma o sistema geral da LIA.

De outro, o enriquecimento sem causa *das entidades mencionadas no art. 1º* não caracteriza ato de improbidade administrativa, mas ilícito civil.

Há enriquecimento sem causa dessas entidades quando, por exemplo, não se paga o que foi contratado e devidamente executado. Ou, então, como ocorreu muitas vezes antes da reforma da LIA, o contratado perder tudo quanto investiu em uma obra, por nulidade do contrato ou da licitação, tendo que devolver ao erário tudo quanto recebera. Ora, ninguém é obrigado a trabalhar de graça ou realizar obras gratuitamente para o Poder Público. O agente que, por exemplo, realizou obra sem qualquer licitação deve perder o lucro; o que recebeu sem cumprir o contrato, o valor recebido sem causa; o que superfaturou a obra, o valor do superfaturamento (podem correr as três hipóteses) – mas deve receber aquilo que gastou para realizar a obra, sob pena de enriquecimento ilícito da fazenda pública.

Como a lei não deve conter palavras inúteis, a norma pode ser interpretada no sentido de não haver tipificação por falha meramente formal (ainda que viole um dos deveres do art. 11), desde que não tenha havido danos ao erário e que a conduta do agente não seja dolosa.

Em resumo, a mera inobservância de formalidades legais não dá lugar a ato de improbidade administrativa.

3.1.11.2.3 Adoção de entendimento de jurisprudência minoritária – art. 1º, §8º

Art. 1º (...)
(...)
§8º Não configura improbidade a ação ou omissão decorrente de divergência interpretativa da lei, baseada em jurisprudência, ainda que não pacificada, mesmo que não venha a ser posteriormente prevalecente nas decisões dos órgãos de controle ou dos tribunais do Poder Judiciário.

A regra desse §8º se dirige aos que emitem pareceres administrativos e aos agentes que se comportam de acordo com determinado entendimento jurisprudencial, ainda que não majoritário, e que mais tarde não venha a prevalecer em órgão de controle (como o Tribunal de Contas) ou nos Tribunais Judiciários.

Trata-se de norma que privilegia a *confiança legítima* daquele que toma uma atitude com base em uma determinada orientação jurisprudencial.

Segundo o Professor de Estudos Políticos de Toulouse Philippe Raimbault, "o princípio [da confiança legítima] se traduz, portanto, pela obrigação das autoridades públicas em proteger – através de um comportamento consequente e não contraditório, salvo interesse público imperioso em contrário – as expectativas fundadas das pessoas privadas nas quais as fizeram nascer – por ato ou ação anterior, mesmo ilegal – sob pena de sanção pelo juiz".[92]

Em suma, o princípio da confiança legítima significa a proteção do cidadão contra mudanças repentinas e bruscas de orientação por parte dos poderes públicos, cujo comportamento anterior induziu o particular a creditar em sua validade, permanência e eficácia.[93]

---

[92] Para maiores aprofundamentos, ver *Ensaio sobre o conteúdo jurídico da confiança legítima e sua incidência no setor da infraestrutura*, deste autor e Augusto Neves Dal Pozzo (São Paulo: Contracorrente, 2019). O trecho acima está na página 27. Quando a confiança legítima dever ceder passo ao interesse público, seu titular fará jus a uma indenização.

[93] A Professora Sylvia Calmes-Brunet escreve: "(...) *Plus précisément, la securité juridique, qui fait partie des éléments essentiels de l'Etat de droit, signifie avant tout protection de la confiance légitime pour le citoyen*", no excelente artigo "*Quelle consécration du principe de sécurité juridique in Droit Administratif Français*", publicado na obra *Tratado sobre o princípio da segurança jurídica no Direito Administrativo* (coordenada por Rafael Valim, José Roberto Pimenta Oliveira e Augusto Neves Dal Pozzo. Belo Horizonte: Fórum, 2013. p. 96).

3.1.11.2.4 Responsabilidade por atividade econômica – art. 10, §2º

> Art. 10 (...)
> (...)
> §2º A mera perda patrimonial decorrente da atividade econômica não acarretará improbidade administrativa, salvo se comprovado ato doloso praticado com essa finalidade.

A atividade econômica da administração pública é excepcional. A Constituição Federal somente permite a exploração direta de atividade econômica pelo Estado quando for necessária para garantir a segurança nacional ou relevante interesse coletivo (art. 173).

Por essa atividade, tanto os dirigentes como a própria pessoa jurídica podem ser responsabilizados por ilícitos contra a ordem econômica ou contra a economia popular (CF, art. 173, §5º).

A Lei nº 13.303/16 dispõe sobre o estatuto jurídico da empresa pública, da sociedade de economia mista e de suas subsidiárias, abrangendo toda e qualquer empresa pública e sociedade de economia mista da União, dos Estados, do Distrito Federal e dos Municípios que explore atividade econômica de produção ou comercialização de bens ou de prestação de serviços, ainda que a atividade econômica esteja sujeita ao regime de monopólio da União, ou seja, de prestação de serviços públicos (art. 1º).[94]

A lei menciona, por exemplo, casos em que é permitida a contratação direta emergencial (art. 29, XV), cuja violação poderá gerar ato de improbidade administrativa, nos termos do art. 29, §2º.

No exercício de suas atividades, os responsáveis por essas empresas estatais podem cometer atos de improbidade administrativa previstos na LIA, seja quando exercem atividade-meio, isto é, atividade de obtenção de meios para sua atividade-fim (econômica), seja no exercício desta última, desde que se trate de ato ilícito doloso e que realize um dos tipos de ato de improbidade administrativa previstos naquela Lei.

O art. 10, §2º, acima transcrito, é uma exceção que apenas confirma a regra.

---

[94] O Título I da Lei não se aplica, parcialmente, às empresas públicas ou sociedades de economia mista cujas atividades, no exercício anterior, não atingirem a receita operacional bruta de noventa milhões de reais (art. 1º, §1º).

3.2 Ajuizamento da inicial

Ajuizar a inicial significa dar sua entrada oficial no juízo que se entende competente para conhecer da respectiva ação. É um ato jurídico que dá nascimento à relação jurídica processual, inicialmente linear (entre o autor e o juiz) e com tendência a se tornar triangular, com a citação do réu.

O tema diz respeito à formação do processo, e sua disciplina legal se encontra no art. 312 do CPC:

> Art. 312 Considera-se proposta a ação quando a petição *inicial for protocolada*, todavia, a propositura da ação só produz quanto ao réu os efeitos mencionados no art. 240 depois que for validamente citado.

O CPC anterior considerava duas possibilidades de se haver por proposta a inicial: ou por despacho judicial, se na comarca ou foro houvesse apenas uma única vara, ou pela distribuição, onde houvesse mais de uma. Entendemos que remanesce o ajuizamento por despacho judicial quando no foro houver uma única vara, com competência geral, e não houver ajuizamento eletrônico.

O código vigente menciona apenas o *protocolamento* da petição inicial, que pode ocorrer por meio físico, junto ao Cartório do Distribuidor, ou por meio eletrônico. Todavia, a obrigatoriedade desse protocolo físico ocorre apenas quando não haja exigência de protocolização por meio eletrônico e quando na comarca há mais de uma vara ou juízo.

> Art. 284 Todos os processos estão sujeitos a registro, *devendo ser distribuídos onde houver mais de um juiz*. (CPC)

O art. 312 diz que os efeitos previstos no art. 240 somente ocorrem quando houver a citação válida. No tocante à *prescrição*, porém, a LIA tem norma especial: a prescrição geral (de oito anos) se interrompe com o *mero ajuizamento da inicial*, tendo, então, início o prazo da prescrição intercorrente (de quatro anos) (art. 23, §4º e 8º).

Onde houver mais de um juízo ou vara e não houver processamento eletrônico, o ajuizamento se fará mediante protocolo no Cartório do Distribuidor.

Portanto, temos que a petição inicial é havida como proposta:
- Comarca ou Seção Judiciária *com uma ou mais de uma* Vara ou Juízo, *com protocolo eletrônico*: ajuizamento eletrônico (sempre preferencial);

- Comarca ou Seção Judiciária *com mais de uma Vara ou Juízo, sem protocolo eletrônico*: cartório do distribuidor.

- Comarca ou Seção Judiciária *com uma só Vara ou Juízo, sem protocolo eletrônico*: pelo cartório do distribuidor ou por despacho judicial.

Porém, a cada dia avança a instituição do protocolo eletrônico, regulado pela Lei nº 11.419/06, que dispôs sobre a informatização do processo judicial.

Assim diz seu art. 10:

Art. 10 A distribuição da petição inicial e a juntada da contestação, dos recursos e das petições em geral, todos em formato digital, nos autos de processo eletrônico, podem ser feitas diretamente pelos advogados públicos e privados, sem necessidade da intervenção do cartório ou secretaria judicial, situação em que a autuação deverá se dar de forma automática, fornecendo-se recibo eletrônico de protocolo.

§1º Quando o ato processual tiver que ser praticado em determinado prazo, por meio de petição eletrônica, serão considerados tempestivos os efetivados até as 24 (vinte e quatro) horas do último dia.

§2º No caso do §1º deste artigo, se o Sistema do Poder Judiciário se tornar indisponível por motivo técnico, o prazo fica automaticamente prorrogado para o primeiro dia útil seguinte à resolução do problema.

§3º Os órgãos do Poder Judiciário deverão manter equipamentos de digitalização e de acesso à rede mundial de computadores à disposição dos interessados para distribuição de peças processuais.

Mesmo os documentos que devem instruir a inicial serão ajuizados eletronicamente, segundo a Lei nº 11.419/06:

Art. 11 Os documentos produzidos eletronicamente e juntados aos processos eletrônicos com garantia da origem e de seu signatário, na forma estabelecida nesta Lei, serão considerados originais para todos os efeitos legais.

§1º Os extratos digitais e os documentos digitalizados e juntados aos autos pelos órgãos da Justiça e seus auxiliares, pelo Ministério Público e seus auxiliares, pelas procuradorias, pelas autoridades policiais, pelas repartições públicas em geral e por advogados públicos e privados têm a mesma força probante dos originais, ressalvada a alegação motivada e fundamentada de adulteração antes ou durante o processo de digitalização.

§2º A arguição de falsidade do documento original será processada eletronicamente na forma da lei processual em vigor.

§3º Os originais dos documentos digitalizados, mencionados no §2º deste artigo, deverão ser preservados pelo seu detentor até o trânsito em julgado da sentença ou, quando admitida, até o final do prazo para interposição de ação rescisória.

§4º (VETADO)

§5º Os documentos cuja digitalização seja tecnicamente inviável devido ao grande volume ou por motivo de ilegibilidade deverão ser apresentados ao cartório ou secretaria no prazo de 10 (dez) dias contados do envio de petição eletrônica comunicando o fato, os quais serão devolvidos à parte após o trânsito em julgado.

§6º Os documentos digitalizados juntados em processo eletrônico somente estarão disponíveis para acesso por meio da rede externa para suas respectivas partes processuais e para o Ministério Público, respeitado o disposto em lei para as situações de sigilo e de segredo de justiça.

3.2.1 Distribuição da inicial

Qualquer que seja a forma de propositura da inicial, duas são as espécies de distribuição entre as diversas varas ou juízos existentes na comarca ou seção judiciária: a *distribuição livre* e a *distribuição vinculada*, também chamada de *distribuição por dependência*.

A distribuição *livre* é a regra – será aleatória e alternada, para equilibrar o trabalho judicial entre os juízos competentes:

> Art. 285 A distribuição, que poderá ser eletrônica, será alternada e aleatória, obedecendo-se rigorosa igualdade. (CPC)

Entretanto, será *vinculada ou realizada por dependência* quando ocorrerem as hipóteses do art. 286:

> Art. 286 Serão distribuídas por dependência as causas de qualquer natureza:
> I – Quando se relacionarem, por conexão ou continência, com outra já ajuizada;
> II – Quando, tendo sido extinto o processo sem resolução de mérito, for reiterado o pedido, ainda que em litisconsórcio com outros autores ou que sejam parcialmente alterados os réus da demanda;
> III – Quando houver ajuizamento de ações nos termos do art. 55, §3º, ao juízo prevento.

Art. 55. (...)

§3º. Serão reunidos para julgamento conjunto os processos que possam gerar risco de prolação de decisões conflitantes ou contraditórias caso decididos separadamente, mesmo sem conexão entre eles. (CPC)

Além dessas regras, a LIA estabelece:

Art. 17 (...)
(...)
§5º A propositura da ação a que se refere o *caput* deste artigo *prevenirá* a competência do juízo para todas as ações posteriormente intentadas que possuam a mesma causa de pedir ou o mesmo objeto.

A norma da LIA coincide com a do art. 286, I, do CPC – prevenção de foro por conexão.

O CPC tem a preocupação constante de evitar decisões contraditórias, que tanto desprestigiam e desacreditam o Poder Judiciário.

A distribuição vinculada ou por dependência busca evitar esse grave inconveniente sempre que entre as ações houver conexão (identidade de causa de pedir ou de pedido mediato)[95] ou continência (ação de maior âmbito que abrange outra) e, ainda, quando houver a prolação de sentença terminativa (sem julgamento de mérito) e a ação for reproposta.

Conquanto o CPC autorize a distribuição vinculada, mesmo sem conexão entre as ações, se houver o risco de prolação de sentenças contraditórias, a regra se aplica às ações por improbidade somente se ambas têm uma questão prejudicial comum: nelas se nega, por exemplo, a qualidade de agente público do autor do ato ilícito.

---

[95] A identidade de pedido imediato não gera a conexão, para o efeito de distribuição vinculada: caso contrário, todas as ações condenatórias-executivas seriam distribuídas ao mesmo juízo, pouco importando sobre o que versassem.

CAPÍTULO 4

MEDIDA CAUTELAR DE INDISPONIBILIDADE DE BENS NA PETIÇÃO INICIAL[96]

4.1 Importância da matéria; momentos em que pode ser requerida a cautelar de indisponibilidade de bens; legitimação ativa do Ministério Público

A indisponibilidade de bens foi uma área que provocou enormes injustiças, antes da reforma da LIA. Em primeiro lugar, porque, apesar de ser pleiteada mediante uma ação cautelar, podia ser decretada sem qualquer necessidade de demonstração do chamado *periculum in mora*, segundo entendimento jurisprudencial que nunca foi bem justificado. Em segundo lugar, o valor da causa podia ser arbitrado aleatoriamente pelo Ministério Público segundo o princípio do dano presumido (exigindo, por exemplo, a devolução de tudo quanto foi recebido pelo contratado, independentemente dos serviços prestados) e o pedido de era superdimensionado e, além disso, repetido tantas vezes quantos fossem os réus, que eram passivamente solidários. Compreendia também a multa civil, sempre pedida em seu valor máximo.

Apesar dessas violações aos princípios gerais de Direito, a medida era deferida e, como não havia a prescrição intercorrente (instituída pela nova LIA), os réus ficavam até décadas com seu patrimônio imobilizado.

---

[96] O texto deste capítulo é uma condensação de artigo sobre a matéria de indisponibilidade, publicado na obra *Lei de Improbidade Administrativa reformada*, que este autor escreveu com Mário Dorna (São Paulo: Revista dos Tribunais, 2022. p. 447).

A reforma da LIA veio corrigir muitos desses defeitos, na matéria em exame.[97]

O pedido de indisponibilidade de bens do acusado, com o intuito de garantir o futuro cumprimento de eventual condenação por danos ao erário ou por enriquecimento ilícito, pode ser feito em caráter *antecedente, cumulativo* ou *incidente*.

Todavia, é usualmente requerido em caráter *cumulativo*, isto é, com o ajuizamento da ação principal (na mesma petição inicial).

A lei antiga não disciplinava o momento da postulação, mas já a admitia, com base nos princípios gerais e normas do CPC, tanto em caráter antecedente quanto incidente. Contudo, primando por um aspecto meramente didático, ao promover modificações na Lei nº 8.429/92, o legislador fez constar do *caput* do art. 16, textualmente, tais possibilidades:

> Art. 16 Na ação por improbidade administrativa poderá ser formulado, em caráter antecedente ou incidente, pedido de indisponibilidade de bens dos réus, a fim de garantir a integral recomposição do erário ou do acréscimo patrimonial resultante de enriquecimento ilícito.

No que diz respeito à *iniciativa* da postulação, considerando que o Ministério Público é o único legitimado para propor ação por ato de improbidade administrativa, o art. 16, §1º, assegura ao Ministério Público a possibilidade de agir de ofício e, em paralelo, a nova redação do art. 7º evidenciou que a ele devem recorrer as autoridades que apuram o ilícito, caso entrevejam a necessidade da medida cautelar, pois a exclusividade da legitimação ativa para a ação principal faz do *Parquet*, igualmente, o único sujeito ativo para requerer a medida cautelar.

---

[97] A instituição da prescrição intercorrente também veio em socorro daqueles que, muitas vezes, por décadas tinham seus bens indisponibilizados. A propósito, em recentíssima decisão, o STF entendeu que as normas sobre a prescrição se aplicam apenas a partir da vigência da LIA reformada, o que nos parece um incomensurável absurdo. Interpretar a norma constitucional que permite a retroatividade da lei penal mais benéfica de maneira literal não está juridicamente correto, pois se a norma penal, presumidamente, protege os bens mais importantes para a vida social, por que a norma que protege bens quase tão importantes merece exegese diversa? *Ubi eadem ratio ibi eadem dispositio*, já se dizia desde os tempos de Roma.

4.2 Interesse de agir para a cautelar de indisponibilidade de bens em casos de ato de improbidade administrativa

Como já dito, o interesse de agir é uma das condições da ação, que é constituída pelo binômio *necessidade-adequação*.

Para provocar a jurisdição e fazer com que o órgão jurisdicional examine sua pretensão, o autor, em primeiro lugar, precisa demonstrar que *necessita* dessa atividade jurisdicional – ou seja, que tem *necessidade da jurisdição*.[98]

Além disso, o autor precisa se valer do mecanismo processual *adequado* para que o órgão jurisdicional, por meio dele, possa atender ao seu pedido.

Esse princípio visa assegurar a isonomia entre as partes, pois, se o julgador pudesse dar início à atividade jurisdicional de ofício, sua imparcialidade já estaria comprometida ao menos subconscientemente: se deu início *ex officio* à ação, é porque entendeu que o autor teria razão, ao menos em princípio.[99]

Para demonstrar o *interesse de agir* para o pedido de indisponibilidade dos bens do réu, o autor precisa evidenciar a presença do *fumus boni iuris* (fumaça de bom Direito) e do *periculum in mora* (perigo decorrente da demora da conclusão do processo principal, que pode comprometer o resultado deste último).[100,101]

---

[98] Como já enfatizado neste trabalho, desde que não podemos fazer justiça pelas próprias mãos, a jurisdição é o único meio de satisfação dos direitos que contam com um mecanismo extrajudicial para tanto (pagamento, por exemplo), mas que falhou, ou daqueles direitos que somente podem ser satisfeitos pela via jurisdicional (caso do *ius puniendi*, por exemplo).

[99] "Para exercer suas funções em determinada causa, o juiz deve ser completamente estranho aos interesses que ali estão em jogo (…). Por isso, não basta que o juiz, na sua consciência, se sinta capaz de exercer seu ofício com a habitual imparcialidade: é necessário que não reste sequer dúvida de que motivos pessoais possam influir em seu ânimo" (LIEBMAN. Op. cit., p. 77).

[100] No caso da ação por ato de improbidade administrativa que busca a reparação do erário ou a devolução da importância ilicitamente obtida, a garantia de satisfação do Direito, caso a ação seja julgada procedente, são os bens do réu. Ora, se ele está se desfazendo de seus bens e se reduzindo à insolvência, é previso impedir essa situação mediante a cautela de tornar os bens do réu indisponíveis.

[101] Para a ação condenatória-executiva, como dito, basta ao Ministério Público alegar a prática de um ato de improbidade típico, praticado dolosamente, e pleitear a aplicação das sanções respectivas previstas na LIA (trata-se de ação necessária). Mas, para a ação cautelar, os princípios aplicáveis são outros e ela tem existência se presentes: (i) que o perigo da demora de solução da ação principal (condenatória-executiva) torne seu resultado infrutífero (*periculum in mora*); (ii) que o autor da cautelar tenha, ao menos, a aparência do bom Direito (*fumus boni iuris*).

A expressão "fumaça de bom Direito" é significativa, pois retrata bem a circunstância de que na ação cautelar o autor não precisa comprovar cabalmente o seu direito, pois a cognição do juiz (sobre a existência efetiva do direito), em sede cautelar, consoante determina o sistema, é *superficial, sumária*: basta que o autor demonstre a "fumaça" do bom Direito, pois onde há "fumaça" certamente há "fogo".[102]

Se a tutela provisória for requerida em caráter *antecedente*, o art. 303 do CPC exige que a petição inicial indique o pedido de tutela final – até para que o magistrado possa averiguar a *utilidade* e a *adequação* da tutela provisória requerida – e exponha a lide, o direito que se busca realizar e, *necessariamente*, o perigo de dano ou do risco ao resultado útil do processo.

Caso se requeira a tutela provisória em caráter *incidental* (inserido na petição inicial ou formulado *a posteriori*), o pedido deverá encontrar amparo na exposição feita na petição inicial e/ou com os fatos novos que a justifiquem.

Entretanto, quanto ao *periculum in mora*, pouco importa se o pedido principal já foi formulado ou se será apresentado no futuro: esse requisito deve ser suficientemente demonstrado *no momento* da formulação do pedido da tutela provisória e deve ser *concreto*; do contrário, o pedido deve ser indeferido. A cognição do juiz no que diz respeito ao perigo da demora deve ser completa, pois se trata de uma questão de fato e de direito que não será analisada na ação condenatória-executiva (ao contrário da efetiva existência do Direito).

Assim, no plano do Direito basta a fumaça do bom Direito; mas, no plano do perigo em mora, é preciso que este seja real e efetivo.

Realmente, consoante já se disse, a nova LIA encerrou o capítulo de indisponibilidades *sem* a demonstração do perigo da demora, que era o entendimento jurisprudencial vigente ao tempo da LIA "velha", por mais estranho e fora dos princípios que fosse essa compreensão da jurisprudência.

A nova LIA exige a demonstração de perigo de dano irreparável ou de risco ao resultado útil do processo, desde que o juiz se convença da probabilidade da ocorrência dos atos descritos na petição inicial com fundamento nos respectivos elementos de instrução (art. 16, §3º). Mais: esclarece, no art. 16, §8º, que o regime a ser seguido é o da

---

[102] Entendemos que o juiz, analisando os fatos arrolados pelo autor e que se constituem nos fatos que geram o seu direito de pleitear a condenação do réu, deve ponderar o seguinte: se esses fatos forem provados, o autor terá o direito deduzido? Se a resposta for positiva, deve concluir pela presença do *fumus boni iuris*.

tutela provisória de urgência (e não o da evidência, como já se viu em jurisprudência superada).

Portanto, o Ministério Público deverá demonstrar, de forma minuciosa, com provas, ao menos indiciárias, que o réu está se desfazendo dos bens de seu patrimônio, que garantiriam o cumprimento da sentença em que viesse a ser condenado a devolver importâncias ilicitamente obtidas ou a reparar danos ao erário.

Conquanto configurem condições especiais que integram o interesse de agir, elas também farão parte da causa de pedir remota do autor.[103]

4.3 Objeto da cautelar de indisponibilidade de bens por prática de ato de improbidade administrativa – limites e abrangência

Talvez o item em epígrafe seja aquele que foi objeto de maior preocupação do legislador, que a ele dedicou vários parágrafos do art. 16.

E o fez com total razão, pois os abusos que foram cometidos na vigência da "Lei velha" foram grandes, como já se salientou. A corrupção, que é um grande mal a ser extirpado, não pode servir de pretexto para que se descumpram os postulados do devido processo legal – os fins não justificam os meios. As consequências são públicas e notórias.

4.3.1 Valor dos bens a serem indisponibilizados: exclusão do valor da multa e inclusão dos valores correspondentes ao enriquecimento ilícito

A primeira alteração – que é muito bem-vinda, em nome dos princípios gerais – é que, doravante, a indisponibilidade *não levará em conta a multa civil* pleiteada pelo Ministério Público.

---

[103] Há íntima relação entre as condições da ação e os seus elementos, nem sempre salientada pela doutrina. Assim, a legitimação para agir se conecta com o elemento "partes". A causa de pedir remota – os fundamentos jurídicos do pedido, isto é, o direito que é deduzido pelo autor – tem conexão com o interesse de agir necessidade e a adequação. Muitas vezes, a defesa fica indecisa entre alegar inépcia da inicial ou falta de condições da ação – mas, em verdade, ocorrem as duas coisas. São direitos processuais subjetivos do réu que configuram o instituto dos "direitos concorrentes", isto é, de mais de um direito para se obter determinado resultado, mas que pode ser atendido somente uma vez. Ex.: todos os sócios de um condomínio predial têm o direito de anular Assembleia Geral por falta de convocação – mas atendido o direito de um deles, os demais se extinguem (ver LIEBMAN. Op. cit., p. 54).

Art. 16 (...)
(...)
§10 A indisponibilidade recairá sobre bens que assegurem *exclusivamente o integral ressarcimento do dano ao erário, sem incidir sobre os valores a serem eventualmente aplicados a título de multa civil* ou sobre acréscimo patrimonial decorrente de atividade lícita.

No sentido literal da lei, o valor da indisponibilidade, portanto, somente pode ser aquele decorrente *do ato de improbidade administrativa que causa danos ao erário* (§10), e ficam excluídos os valores correspondentes à multa civil e os decorrentes do ato de improbidade administrativa chamado *enriquecimento ilícito* (previsto no art. 9º).

No artigo referido logo no início deste texto sobre indisponibilidade, sustentamos que, apesar dos dizeres da lei, o valor do acréscimo patrimonial decorrente da atividade ilícita deveria ser incluído no valor dos bens a serem indisponibilizados. Há uma exclusão expressa no §16, sob exame – mas essa exclusão conflita com todos os dispositivos da lei que determina a devolução do valor obtido ilicitamente. Ora, assim como, se houver risco de resultado infrutuoso do processo por danos ao erário, caberá a indisponibilidade de bens que bastem para tanto, o mesmo risco deve determinar a possibilidade de indisponibilizar valores para garantir a devolução do que foi conseguido por enriquecimento ilícito.

4.3.2 Ordem dos bens a serem indisponibilizados

O §10 do art. 16 determina que a indisponibilidade recaia "sobre bens que assegurem o integral ressarcimento do dano ao erário". Deve-se desprezar o valor da multa.

A LIA, seguindo os passos do CPC 2015 – que, no art. 835, enumera a preferência legal para a penhora de bens que garantam a execução –, estabeleceu, no §11 do art. 16, a seguinte ordem para a indisponibilidade:
- veículos de via terrestre;
- bens imóveis;
- bens móveis em geral;
- semoventes;
- navios e aeronaves;
- ações e quotas de sociedades simples e empresárias;
- pedras e metais preciosos;

- e, somente na inexistência destes, o bloqueio de contas bancárias, de forma a garantir a subsistência do acusado e a manutenção da atividade empresária ao longo do processo.

O último inciso é de muita importância. No sistema anterior, assim que decretada a indisponibilidade, eram despachados, por via informática, ordens de bloqueio de todas as contas do réu em todos os bancos. Ele ficava como que à míngua, sem ter como garantir sua subsistência e de sua família, sem contar as atividades empresariais que foram mortas sem contemplação.

Outra regra importante é a autorização, expressa do §6º, para que a indisponibilidade de bens seja substituída "por caução idônea, por fiança bancária ou por seguro-garantia judicial, a requerimento do réu, bem como a sua readequação durante a instrução do processo" (em consonância com o art. 805 do CPC – em honra ao princípio da menor onerosidade do cumprimento da sentença).

4.3.3 Indisponibilidade e litisconsórcio passivo

A maioria dos atos de improbidade conta com vários autores: pelo menos um agente público ou político e um particular, que induziu ou concorreu dolosamente para que aquele praticasse o ato de improbidade administrativa (art. 3º).

Forma-se, então, um litisconsórcio passivo e, nesse caso, há que se observar o §5º do art. 16, segundo o qual "se houver mais de um réu na ação, a somatória dos valores declarados indisponíveis não poderá superar o montante indicado na petição inicial como dano ao erário ou como enriquecimento ilícito".

Portanto, a antiga prática de buscar a indisponibilidade de bens de cada um dos sujeitos passivos no valor *total* dos danos sofridos pelo erário não mais poderá ocorrer, pois o limite do valor dos bens indisponibilizados, ou seja, a somatória de todas as indisponibilidades, não poderá ultrapassar o "montante indicado na petição inicial como dano ao erário ou enriquecimento ilícito" (§5º).

Mas a norma vai mais longe, se interpretada em conjunto com a do §2º do art. 17-C, por força do qual *cada réu* não poderá suportar indisponibilidade de bens que ultrapasse o valor dos danos que ele próprio tenha causado: *a dívida não é solidária*.

Realmente, como a LIA exige a presença do *periculum in mora* para o deferimento da indisponibilidade dos bens, o pedido cautelar deverá ser formulado apenas em face do(s) réu(s) que, no caso concreto, esteja(m) praticando atos de disposição de seu patrimônio.

Mas qual o valor dos bens que podem ser indisponibilizados? Ora, se o réu não pode ser condenado em quantia maior que aquela que lhe foi atribuída na inicial, o limite do valor de seus bens a serem indisponibilizados irá até esse montante, pois ele não é responsável pelo *total* dos danos.

Essa peculiar situação obriga o Ministério Público a dizer o quanto cada litisconsorte passivo é responsável pelos danos, logo na inicial.

Por último, sublinhe-se que, sem essa identificação de valores devidos por *cada réu*, na petição inicial, a sentença que, a despeito dessa omissão, viesse a condenar os corréus em valores que fossem arbitrados na própria decisão seria nula de pleno direito, porque terá sido *extra* ou *ultra petita*, com flagrante violação do princípio da inércia da jurisdição e o da iniciativa da parte (art. 2º do CPC), matéria disciplinada pela LIA:

> Art. 17-A (...)
> (...)
> §10-F Será nula a decisão de mérito total ou parcial da ação de improbidade administrativa que:
> I – condenar o requerido por tipo diverso daquele definido na petição inicial;

O juiz não pode, pois, sem indicação do autor (da qual, entretanto, pode discordar para menos, *mas não pode ultrapassar*) e por sua própria vontade, distribuir as responsabilidades pecuniárias entre os corréus.[104]

4.3.4 Indisponibilidade de bens de terceiro

O art. 16, §7º, da LIA dispõe que "a indisponibilidade de bens de terceiro dependerá da demonstração da sua efetiva concorrência para os atos ilícitos apurados (...)".

Esse dispositivo merece atenção redobrada, para não conduzir a injustiças.

Em rigor, a lei não trata da indisponibilidade de bens *de quem não tenha participado da conduta reputada ímproba*, mas de quem, embora tenha participado da conduta ímproba, até determinado momento não integrava o processo. *Trata-se de um terceiro no aspecto processual, e não no aspecto material.*

---

[104] Se o autor pede a condenação do réu em 100, o juiz pode condená-lo a pagar 80, porque 80 estão contidos em 100, mas não poderá condenar o réu em 101 – que está fora (ultra) do pedido.

De fato é isso, pois a "efetiva concorrência" torna o terceiro partícipe da prática do ato de improbidade administrativa. Ou seja: ele não é um terceiro *em relação ao ato*, mas seu *coautor* e, como tal, deveria integrar o litisconsórcio passivo desde o início. Estando *fora* do processo, é terceiro, do ponto de vista processual – até que passe a integrar o processo e então adquira a qualidade de parte.

Ademais, em ação de improbidade, não há como pedir a indisponibilidade de bens de um terceiro que não teve qualquer participação na prática do ato de improbidade administrativa. Ou se é sujeito ativo do ato, ou se é um estranho: *tertius non datur*.

Assim, a única maneira de aproveitar a regra (a lei não contém palavras inúteis – um dos princípios da exegética) é considerar que ela se refere à hipótese de alguém, descoberto tardiamente como coautor, ter seus bens declarados indisponíveis *antes* de seu ingresso no processo, em medida cautelar preambular.

4.4 Desconsideração da personalidade jurídica

4.4.1 Generalidades

Como é sabido, a pessoa jurídica tem personalidade distinta da de seus sócios, como estabelece o art. 49-A do Código Civil.

Ocorre que essa distinção entre as personalidades dos sócios e das pessoas jurídicas acabou permitindo que inescrupulosos dirigentes das pessoas jurídicas abusassem de seu poder de praticar atos em nome da sociedade, confiando que a responsabilidade patrimonial pelos atos da sociedade afetaria apenas o patrimônio desta, deixando ileso o patrimônio pessoal.

A partir dessa constatação, os tribunais norte-americanos passaram a aplicar o instituto chamado *disregard theory* ou *disregard of legal entity* – a teoria da desconsideração da pessoa jurídica, introduzido no art. 50 do Código Civil.

O nosso ordenamento jurídico, como veremos, admite a desconsideração da personalidade jurídica *direta* e da *inversa*.

A primeira (direta) significa desconsiderar a regra do acima transcrito art. 49-A do Código Civil e buscar, nos bens dos sócios, numerário suficiente para saldar as dívidas da pessoa jurídica.

Já na desconsideração inversa, desconsidera-se a personalidade jurídica dos sócios para ir buscar, nos bens da empresa – onde os sócios esconderam seu patrimônio –, o necessário para saldar suas dívidas pessoais.

Por fim, fala-se na desconsideração *expansiva* para quando ela abranger a personalidade da empresa e de seus sócios que, no jargão usual, são meros "laranjas" do verdadeiro dono ou donos da empresa – os bens deste (ou destes) é que irão responder pelas dívidas feitas pela sociedade ou por seus "sócios".

4.4.2 Previsão de desconsideração da personalidade da pessoa jurídica na LIA – exegese da segunda parte do §7º do art. 16

A parte final do art. 16, §7º, dispõe que a indisponibilidade de bens de terceiro (isto é, daquele que não é parte do processo), *"quando se tratar de pessoa jurídica, [dependerá] da instauração de incidente de desconsideração da personalidade jurídica, a ser processado na forma da lei processual"* (a saber: arts. 133 a 137 do CPC).

Em primeiro lugar, é de se ponderar que a desconsideração da personalidade jurídica e a indisponibilidade de bens são institutos diversos e entre eles não há relação de obrigatoriedade ou de complementariedade: cada um deles se sujeita a condições próprias e tem escopos diferentes, conquanto interligados.

A desconsideração da personalidade jurídica, tal como consta do art. 50 do Código Civil, sujeita-se a certos pressupostos – *desvio de finalidade* ou *confusão patrimonial* – e busca certas finalidades – *estender os efeitos de certas e determinadas relações jurídicas aos bens particulares de administradores ou de sócios da pessoa jurídica beneficiados direta ou indiretamente pelo abuso*.

A indisponibilidade de bens, a seu turno, depende da presença do *fumus boni iuris* e do *periculum in mora* e tem por objetivo garantir que a pessoa não se desfaça de seu patrimônio e assim assegurar que, se futuramente julgado procedente o pedido condenatório-executivo, ainda seja possível realizar o ressarcimento do erário e/ou a devolução dos bens adquiridos ilicitamente.

Porém, se o terceiro, na concepção feita no tópico anterior, for uma pessoa jurídica, o pedido de indisponibilidade de seus bens, além das condições genéricas (fumaça do bom Direito e perigo da demora), dependerá de um procedimento incidental específico: a desconsideração de sua personalidade jurídica (na forma da lei processual), de maneira a envolver os bens dos seus sócios. Todavia, para tanto, será preciso que *a sociedade não seja coautora do ato ilícito* – e sim simplesmente beneficiária: é justo que seus sócios respondam pelo ilícito. Se ela for coautora, seus bens poderão ser indisponibilizados.

4.4.3 A pessoa jurídica como coautora de ato de improbidade administrativa

A pessoa jurídica, como é óbvio, age mediante pessoas físicas.

Por sua vez, a pessoa física pode agir ilicitamente e produzir efeitos positivos no patrimônio da pessoa jurídica, sem que se possa, porém, juridicamente, atribuir à pessoa jurídica a *autoria* daquela ação. Contudo, ocorrendo a "vontade dolosa" da pessoa jurídica, ela será coautora do ato de improbidade administrativa.

Essa avaliação depende, portanto, de ter havido (ou não) a "vontade dolosa da sociedade", o que ocorre se houver decisão (ou aquiescência) de todos os sócios.

Também revela a "vontade da sociedade", a habitualidade da pessoa jurídica em praticar atos de improbidade administrativa (não será preciso decisão societária para cada caso)[105] ou, como recentemente revelado pela Operação Lava Jato, a pessoa jurídica contar com uma estrutura empresarial voltada para a prática de atos ilícitos e pagamento de propinas.

Dessa forma, por exemplo, se o diretor administrativo da pessoa jurídica, por sua conta e risco, dá propina a agente público para obter vantagem ilícita, causando danos ao patrimônio público, *ele* comete atos de improbidade administrativa que produzem efeitos patrimoniais para a pessoa jurídica (vantagem de qualquer natureza), mas *não se pode dizer que o ato ilícito foi cometido por "vontade dolosa da empresa"*.

De outro lado, se os sócios da pessoa jurídica tomaram a decisão, a conduta deve ser atribuída à pessoa jurídica e ao executor.

4.4.4 Sanções aplicáveis à pessoa jurídica quando for *coautora* de ato de improbidade administrativa e quando dele *apenas se beneficiar*

Para podermos aplicar os princípios a respeito da responsabilidade da sociedade e dos sócios, da vedação do enriquecimento sem causa e da responsabilidade subjetiva, adotados pela LIA, é preciso sublinhar as duas espécies de sanções por ela previstas:

---

[105] No caso, a inoperância dos órgãos internos de controle não pode servir à isenção de responsabilidade. A conduta ilícita habitual associada à inefetividade dos órgãos internos de controle pode, em determinadas circunstâncias, servir de indicativos de que a ilicitude não decorre de conduta isolada de um de seus membros, mas da própria pessoa jurídica.

- as sanções *pecuniárias*, que contemplam o ressarcimento ao erário, a devolução dos bens adquiridos ilicitamente e multas;
- e sanções que caracterizam *interdições de direito*, entre elas: perda da função pública, suspensão dos direitos políticos, proibição de contratar com o poder público e de receber benefícios ou incentivos fiscais ou creditícios, direta ou indiretamente, ainda que por intermédio de pessoas jurídica da qual seja sócio majoritário.

Pois bem. Vejamos duas hipóteses, separadamente: a primeira, quando não há a "vontade da sociedade" em praticar o ato de improbidade administrativa e a segunda, em que essa vontade está presente.

Pessoa jurídica *não é coautora*.

Sempre terá que devolver a importância obtida ilicitamente e que a beneficiou direta ou indiretamente. Será ré da ação por improbidade apenas para efeito reparatório, sem sofrer outras sanções.

Se houve danos ao erário e enriquecimento ilícito, aplica-se a hipótese supra quanto a este último, mas pelos danos ao erário responderão aqueles que os praticaram, além de sofrerem as demais sanções previstas na LIA.

Pessoa jurídica *é coautora*.

Nesse caso, ela se sujeita a todas as sanções previstas na LIA.

4.5 A decisão judicial sobre a indisponibilidade de bens

4.5.1 Casos de indeferimento da medida cautelar segundo a Lei de Improbidade Administrativa

Como vimos, a ausência do *fumus boni iuris* e do *periculum in mora* resulta no indeferimento da medida cautelar de indisponibilidade de bens, requisitos exigidos expressamente pelo art. 16, §3º, da Lei nº 8.429/92.

Além disso, o pedido em si deve observar todas as demais exigências da LIA, vistas nos parágrafos anteriores, que dizem respeito à legitimação passiva para ação, o valor da indisponibilidade etc.

A LIA também traz algumas vedações à decretação de indisponibilidade de bens, como se vê nos §13 e 14 do art. 16:

Art. 16 (...)
(...)

§13 É *vedada* a decretação de indisponibilidade da quantia de até 40 (quarenta) salários mínimos depositados em caderneta de poupança, em outras aplicações financeiras ou em contracorrente.

§14 É *vedada* a decretação de indisponibilidade do bem de família do réu, salvo se comprovado que o imóvel seja fruto de vantagem patrimonial indevida, conforme descrito no art. 9º desta Lei.

Nessas hipóteses legais, que são autoexplicativas e visam assegurar o mínimo existencial ao réu, o pedido do Ministério Público deverá ser indeferido.

4.5.2 Algumas normas procedimentais na Lei de Improbidade Administrativa

O §3º do art. 16 exige que o juiz, antes de decretar a indisponibilidade dos bens, ouça o réu em cinco dias:

> Art. 16 (...)
> (...)
> §3º O pedido de indisponibilidade de bens a que se refere o *caput* deste artigo apenas será deferido (...) após a oitiva do réu em 5 (cinco) dias.

Obviamente, o réu deverá se manifestar sobre ambos os requisitos da tutela cautelar, ou seja, tanto sobre a não ocorrência do ato de improbidade administrativa (contrariar o *fumus boni iuris*) quanto a respeito da alegação ministerial de que o réu estaria dissipando seus bens (isto é, rebater o *periculum in mora*).

Contudo, o Ministério Público pode pedir o deferimento da medida cautelar *inaudita altera pars* sempre que, em determinadas circunstâncias, a oportunidade de manifestação dada ao réu possa significar a frustração da própria medida cautelar (se, por exemplo, há provas de iminente desfazimento dos bens, o réu está ocultando o dinheiro obtido ilicitamente etc.), mas essa circunstância deve ser comprovada pelo Ministério Público, pois é vedada a presunção de urgência (art. 16, §4º).

Quando se tratar de bens, aplicações financeiras e contas bancárias no exterior, que não puderam ser levantados e identificados no inquérito civil, o Ministério Público pode pedir investigação judicial, exame e bloqueio, nos termos da lei e de tratados internacionais (art. 16, §2º). A previsão dialoga com o instrumento da "cooperação jurídica internacional", que pode ter por objeto a colheita de provas e a obtenção de informações, prevista no art. 27, II, do CPC.

Quanto ao mais, a medida cautelar de indisponibilidade de bens seguirá as normas do CPC aplicáveis, que são as da tutela provisória de *urgência* e que não contrariarem as regras especiais da LIA (art. 16, §8º).

4.5.3 Da responsabilização da pessoa jurídica na Lei de Improbidade Administrativa

A LIA, em sua nova redação, manifesta a preocupação de impedir, com a medida de indisponibilidade de bens e mesmo com a sentença definitiva, que a decisão judicial cause prejuízo à prestação de serviços públicos ou, então, inviabilize a manutenção da atividade da pessoa jurídica de Direito privado.

> Art. 12 (...)
> (...)
> §3º Na responsabilização da pessoa jurídica, deverão ser considerados os efeitos econômicos e sociais das sanções, de modo a viabilizar a manutenção de suas atividades.
>
> Art. 16 (...)
> (...)
> §12 O juiz, ao apreciar o pedido de indisponibilidade de bens do réu a que se refere o *caput* deste artigo, observará os efeitos práticos da decisão, vedada a adoção de medida capaz de acarretar prejuízo à prestação de serviços públicos.

Essas diretivas vêm em boa hora.

Em nossa experiência forense, deparamo-nos com inúmeros casos de falta de sensibilidade por parte do Ministério Público e de magistrados que, no afã de coartar imediatamente atividades oriundas de ato de improbidade administrativa, encerravam, *ex abrupto*, atividades essenciais, como serviços médicos e transporte público, deixando a população desassistida.[106]

Com certeza o legislador levou em conta os efeitos deletérios de decisões proferidas durante a vigência da Lei nº 8.429/92 em sua antiga redação e, especialmente, com a chamada Operação Lava Jato.

---

[106] Como se diz no jargão popular: "São remédios que matam o doente!".

Já dissemos linhas atrás e repetimos: o combate à corrupção deve ser constante e firme, mas sempre dentro dos limites legais. O Ministério Público e a Magistratura devem ser extremamente profissionais na interpretação e aplicação da lei, não se deixando levar por sentimentos pessoais de ira contra os infratores, esquecendo as consequências de seu ato em face de terceiros inocentes e da sociedade, que nada tiveram a ver com o fato ilícito.

4.5.4 Recorribilidade da decisão sobre a indisponibilidade de bens

A LIA estabeleceu que a decisão sobre a indisponibilidade de bens é passível de agravo de instrumento, que seguirá as regras procedimentais do CPC.

> Art. 16 (...)
> (...)
> §9º Da decisão que deferir ou indeferir a medida relativa à indisponibilidade de bens caberá agravo de instrumento, nos termos da Lei nº 13.105, de 16 de março de 2015. (CPC)

A decisão interlocutória que decreta a indisponibilidade de bens do acusado já estava inserida na relação das decisões impugnáveis por esse recurso, segundo o art. 1.015, I, do CPC (decisões sobre tutelas provisórias).

Com o advento da Lei nº 14.230/21, a orientação prescrita pelo CPC foi confirmada expressamente, com um detalhe: *todas* as decisões interlocutórias proferidas no curso ação por ato de improbidade administrativa são passíveis de agravo de instrumento.

> Art. 16 (...)
> (...)
> §21 Das decisões interlocutórias caberá agravo de instrumento, inclusive da decisão que rejeitar questões preliminares suscitadas pelo réu em sua contestação.

A norma tem feito prático, porque o vigente CPC não repetiu o anterior, no sentido de declarar expressamente a recorribilidade de *todas* as decisões interlocutórias.[107] Portanto, a norma do art. 16, §21, da LIA é plenamente eficaz e muito bem posta, considerando-se especialmente o inciso XIII do art. 1.015 do CPC, que prevê o cabimento do agravo de instrumento, além das hipóteses expressamente elencadas, em "outros casos expressamente referidos em lei".

A recorribilidade da decisão que decreta a indisponibilidade de bens não nos parece ser uma questão que suscitasse dúvidas, mas a previsão expressa é coerente com uma diretriz – permita-se a expressão – "pedagógica", que o legislador revelou ao longo de toda a modificação da Lei nº 8.429/92.

Contudo, vale salientar que eventual decretação de indisponibilidade de bens do acusado, se ocorrida no bojo da sentença definitiva, deverá ser objeto de recurso de apelação, conforme art. 1.009, §3º, do CPC.

Nesse caso, pelo princípio da *unirrecorribilidade* do recurso, a apelação enfrentará ambas as questões: a indisponibilidade de bens e o mérito (além de, se for o caso, questões prejudiciais ou preliminares).

Em sendo o caso, o recorrente pode poderá requerer ao relator a concessão *de tutela provisória no âmbito recursal*, nos termos do art. 932, II, do CPC ("Compete ao relator: II – apreciar pedido de tutela provisória nos recursos e nos processos de competência originária do tribunal").

---

[107] Daí haver a possibilidade de se interpretar as hipóteses do art. 1.015 do CPC como encerrando *numerus clausus* (o que não aceitamos).

CAPÍTULO 5

DECISÕES JUDICIAIS NA FASE POSTULATÓRIA

5.1 Exame preliminar da petição inicial – determinação de emenda e seu indeferimento

5.1.1 Introdução

Como já dito, as fases e subfases processuais recebem o nome da atividade preponderante que nelas ocorrem – mas não são atividades exclusivas. Assim, na fase postulatória, que ora estudamos, são proferidas algumas decisões – e a primeira delas é resultado do exame preliminar da petição inicial.

Uma vez ajuizada a inicial e feitos os registros administrativos no Cartório do Distribuidor e no Ofício de Justiça, ela é encaminhada ao magistrado para uma *apreciação liminar*.

Quatro são os resultados possíveis desse exame liminar:
- Determinação para que o autor emende ou complete a inicial, pena de seu indeferimento (CPC, art. 321, parágrafo único);
- Indeferimento da inicial (CPC, art. 330);
- Decisão imediata de improcedência do pedido (CPC, art. 332);
- Deferimento da inicial (CPC, art. 334).

5.1.2 Indeferimento liminar da inicial – art. 330 do Código de Processo Civil

O indeferimento liminar da inicial normalmente se prende a questões referentes aos *pressupostos processuais* (insanáveis)[108] e às *condições da ação*.

---

[108] Há irregularidades quanto aos pressupostos processuais que podem ser corrigidas.

A LIA assim estatui a respeito:

§6º-B A petição inicial será rejeitada nos casos do art. 330 da Lei nº 13.105, de 16 de março de 2015 (Código de Processo Civil), bem como quando não preenchidos os requisitos a que se referem os incisos I e II do §6º deste artigo, ou ainda quando manifestamente inexistente o ato de improbidade imputado.

Diz o art. 330 do CPC:

Art. 330 A petição inicial será indeferida quando:
I – for inepta;
II – a parte for manifestamente ilegítima;
III – o autor carecer de interesse processual;
IV – não atendidas as prescrições dos arts. 106 [*quando o advogado atua em causa própria e não preenche os requisitos exigidos por esse artigo*] e 321 [*a inicial não preenche os requisitos do art. 319* [*requisitos da inicial*] *e do art. 320* [*não está instruída com documentos essenciais*]].

Esses motivos de indeferimento serão examinados a seguir.

5.1.3 Inépcia da petição inicial (Código de Processo Civil, art. 330, I)

A petição inicial é inepta quando não contém elementos mínimos para justificar o andamento do processo e a atividade do órgão jurisdicional. Ela apresenta aberrações jurídicas que impedem o desenvolvimento da ação e a constituição válida da relação jurídica processual.

A lei processual diz quando a inicial é inepta:

Art. 330 (...)
§1º Considera-se inepta a petição inicial quando:
I – lhe faltar pedido ou causa de pedir;
II – o pedido for indeterminado, ressalvadas as hipóteses legais em que se permite o pedido genérico;
III – da narração dos fatos não decorrer logicamente a conclusão;
IV – contiver pedidos incompatíveis entre si.[109]

---

[109] Os §1º e 2º do art. 330 não se aplicam às ações por ato de improbidade administrativa.

5.1.3.1 Inépcia por falta de pedido e por formulação de pedido indeterminado, ressalvadas as hipóteses legais em que se permite o pedido genérico e por falta de causa de pedir (art. 330, §1º, I e II)

A causa de pedir e o pedido foram examinados quando vimos os requisitos da petição inicial e para lá remetemos o leitor. Se não forem preenchidos esses requisitos ou na falta de pedido ou de causa de pedir, haverá indeferimento da inicial, por inépcia.[110]

5.1.3.2 Inépcia pela incongruência entre os fatos deduzidos e o pedido formulado (art. 330, §1º, III)

A norma jurídica considera inepta a inicial se "da narração dos fatos não decorrer logicamente a conclusão" (inciso III).

A expressão "conclusão" deve ser entendida como sendo o *pedido feito pelo autor* – pedido imediato (tipo de tutela jurisdicional) ou pedido mediato (bem jurídico pretendido).

Assim, se o autor descreve caso de enriquecimento ilícito e pede a condenação do réu nas sanções do art. 12, III, da LIA, que se aplicam aos casos em que são desobedecidos os princípios do art. 11, há desconformidade evidente entre o narrado e o pedido de mediato.

Em tais casos, e em verdade, falta ao pedido formulado a causa de pedir (no exemplo, a causa de pedir que foi exposta na inicial diz respeito à outra situação jurídica) – mas dado que essa ausência reflexa é mais sutil que a ausência completa e direta da *causa petendi* (que se enquadra no inciso I), tradicionalmente a hipótese de pedido incongruente vem cuidada de maneira separada: seu enquadramento legal correto é no inciso III do §1º do art. 330.

5.1.3.3 Incompatibilidade de pedidos (art. 330, §1º, IV)

O CPC admite que o autor cumule vários pedidos numa única petição inicial, desde que preenchidas certas condições, dentre elas que os pedidos sejam compatíveis entre si (art. 327, §1º, I).

Na ação por ato de improbidade administrativa, o art. 17, §10-D, já visto, estabelece que "Para cada ato de improbidade administrativa,

---

[110] Ver seções 3.1.5 e 3.1.6.

deverá necessariamente ser indicado *apenas um tipo* dentre aqueles previstos nos arts. 9º, 10 e 11 desta Lei".

A norma afirma, pois, que para o *mesmo e único ato* de improbidade administrativa não podem ser formulados pedidos de sanções constantes de dois ou três incisos do art. 12 – haverá incompatibilidade entre esses pedidos, porque o Ministério Público tem que enquadrar o ato ilícito descrito em um dos três tipos de ato de improbidade administrativa e pedir a condenação nas sanções correspondentes.

Assim, ainda que haja enriquecimento ilícito e danos ao erário, não poderá o Ministério Público enquadrar o réu no art. 9º e 10 da LIA; deve optar por aquele que entender mais adequado – e, normalmente, será o mais grave, de acordo com a valoração feita pelo legislador ao atribuir as respectivas sanções.[111]

Quid iuris se em épocas distintas o mesmo agente vier a praticar dois tipos diversos de ato de improbidade administrativa?

O art. 327, *caput*, do CPC permite a cumulação de vários pedidos contra o mesmo réu, ainda que entre eles não haja conexão. Assim, será possível a cumulação, mas cada ação terá o próprio regime jurídico, no que tange, por exemplo, aos prazos prescricionais, recursos etc.

Nesses casos – ou quando as ações correrem em processos separados, o que entendemos mais aconselhável –, poderá haver aplicação das seguintes normas da LIA, que cuidam de uma espécie de unificação das sanções:

> Art. 18-A A requerimento do réu, na fase de cumprimento da sentença, o juiz unificará eventuais sanções aplicadas com outras já impostas *em outros processos*, tendo em vista a eventual continuidade de ilícito ou a prática de diversas ilicitudes, observado o seguinte:
> I – no caso de continuidade de ilícito, o juiz promoverá a maior sanção aplicada, aumentada de 1/3 (um terço), ou a soma das penas, o que for mais benéfico ao réu;
> II – no caso de prática de novos atos ilícitos pelo mesmo sujeito, o juiz somará as sanções.

---

[111] A sistemática interpretação da LIA nos leva à conclusão, pela gravidade crescente das sanções previstas nos três incisos do seu art. 12, que o mais grave, aos olhos do legislador, é o enriquecimento ilícito, seguido pelo ato que causa lesão ao erário e, por fim, a desobediência aos deveres constantes do art. 11. Se o ato ímprobo se enquadra no tipo do art. 9º (enriquecimento ilícito), mas é ato que também causou danos ao erário, deverá o autor enquadrar esse ato de improbidade administrativa naquele art. 9º, pois o *caput* do art. 12 prevê o ressarcimento integral do dano patrimonial ao erário para todos os três tipos de atos de improbidade.

Parágrafo único. As sanções de suspensão de direitos políticos e de proibição de contratar ou de receber incentivos fiscais ou creditícios do poder público observarão o limite máximo de 20 (vinte) anos.

5.1.4 Indeferimento da inicial por manifesta ilegitimidade de parte (art. 330, II) e por carecer o autor de interesse processual (art. 330, III)

Os incisos II e III do art. 330 se referem às duas condições da ação: a legitimação para agir e o interesse de agir.[112]

Ao estudarmos os requisitos da inicial, verificamos que, para o Direito processual, partes do processo são as pessoas físicas ou jurídicas que figuram na peça inaugural e que adquirem essa qualidade apenas e tão somente por essa circunstância.

Todavia, para que a inicial possa prosseguir, as partes postas na inicial precisam ser partes *legítimas*.

Se para sabermos quais são as partes processuais basta olharmos a inicial e fazermos essa constatação, para sabermos se elas são *partes legítimas* é necessário um juízo de valor, de acordo com o que veremos em seguida.

5.1.4.1 Indeferimento por ilegitimidade de parte[113]

A inicial pode ser indeferida por ilegitimidade de parte ativa ou passiva.

5.1.4.1.1 Legitimação ativa

O Estado é o titular do direito de punir.

Tratando-se de pessoa jurídica de Direito público, comparece em juízo mediante o instituto da *substituição processual*, previsto no art. 18 do CPC, já transcrito.

No caso das ações de improbidade, o *único* substituto processual admitido é o representante do Ministério Público, nos termos art. 17, *caput*, da LIA.[114]

---

[112] Para maiores aprofundamentos, ver DAL POZZO (op. cit., p. 291).
[113] Ver seção 3.1.4.
[114] Recentemente, o STF entendeu que essa exclusividade é inconstitucional, por deixar ao desamparo o ente público eventualmente lesado. O argumento não procede. Em primeiro

Art. 17 A ação para a aplicação das sanções de que trata esta Lei será proposta pelo Ministério Público e seguirá o procedimento comum previsto na Lei nº 13.105, de 16 de março de 2015 (Código de Processo Civil), salvo o disposto nesta Lei.

Havendo, portanto, substituição processual, parte é o substituto (Ministério Público, no caso), e não o substituído (Estado).[115]

Ao Ministério Público se aplicam os princípios constitucionais da unidade e da indivisibilidade – art. 127, §1º, da Constituição Federal –, o que significa que sempre quem estará presente na relação jurídica processual é a Instituição, e não seu representante, e que a troca de um membro por outro (por promoção, licença etc.) não provoca alteração subjetiva nessa mesma relação.

O citado §1º do art. 18 do CPC diz que o substituído poderá intervir como assistente litisconsorcial do substituto, matéria disciplinada pela LIA, no §14 do art. 17.

Art. 17 (...)
(...)
§14 Sem prejuízo da citação dos réus, a pessoa jurídica interessada será intimada para, caso queira, intervir no processo.

A pessoa jurídica será *assistente litisconsorcial* do Ministério Público.

O instituto da assistência está regido pelas normas do CPC – art. 119 e seguintes –, sendo que a pessoa jurídica poderá também intervir voluntariamente, sendo a assistência admitida em qualquer fase do processo ou em qualquer grau de jurisdição (art. 119, parágrafo único).[116]

---

lugar, porque o dano ao erário pode ser recuperado por ação civil por ele ajuizada (não regulada pela LIA). Até mesmo por ação popular, para a qual tem legitimidade qualquer cidadão (Constituição Federal, art. 5º, LXXIII). Em segundo lugar, porque o ente prejudicado pode representar ao Procurador-Geral de Justiça ou da República, conforme o caso, que deverá tomar as providências cabíveis. Em terceiro lugar, porque quando o partido político de oposição vence as eleições, a ação por ato de improbidade se converte em instrumento político em mãos dos novos mandatários – e o que lhes interessa não é a condenação (se vier, melhor!), mas o estardalhaço feito pela imprensa, que denigre a reputação dos que perderam a eleição. Questiúnculas desprezíveis são submetidas ao Judiciário. A decisão também revela, portanto, imensa falta de sensibilidade.

[115] Diferente do caso da representação, em que parte é o representado, e não o representante, como ocorre em casos de pessoa jurídica de Direito privado.

[116] Mesmo depois de intimada e permanecer omissa, a pessoa jurídica poderá, mais tarde, intervir no processo.

De outro lado, conquanto exista a chamada assistência simples, no caso da ação por improbidade a assistência será sempre litisconsorcial, porque a sentença irá influir na relação jurídica entre o ente público (pessoa jurídica de Direito público) e o adversário do assistido (réus da ação de improbidade – arts. 121 e 123 do CPC).

5.1.4.1.2 Legitimação passiva

O ato de improbidade administrativa somente estará caracterizado se ocorrerem as circunstâncias previstas na LIA, no que tange ao sujeito que pratica o ato de improbidade administrativa e a "vítima" desse ilícito.

Assim, será preciso:

De um lado, que seja praticado em face de entidades que a LIA enumera:

- Entes públicos: art. 1º, §5º:

> §5º Os atos de improbidade violam a probidade na organização do Estado e no exercício de suas funções e a integridade do patrimônio público e social dos Poderes Executivo, Legislativo e Judiciário, bem como da administração direta e indireta, no âmbito da União, dos Estados, dos Municípios e do Distrito Federal.

- Entidades privadas que recebem recursos oficiais: art. 1º, §6º e 7º:

> §6º Estão sujeitos às sanções desta Lei os atos de improbidade praticados contra o patrimônio de entidade privada que receba subvenção, benefício ou incentivo, fiscal ou creditício, de entes públicos ou governamentais, previstos no §5º deste artigo.
>
> §7º Independentemente de integrar a administração indireta, estão sujeitos às sanções desta Lei os atos de improbidade praticados contra o patrimônio de entidade privada para cuja criação ou custeio o erário haja concorrido ou concorra no seu patrimônio ou receita atual, limitado o ressarcimento de prejuízos, nesse caso, à repercussão do ilícito sobre a contribuição dos cofres públicos.

De outro, que o autor do ato de improbidade seja:
- Agente público ou político, conforme conceito amplo do art. 2º:

> Art. 2º Para os efeitos desta Lei, consideram-se agente público o agente político, o servidor público e todo aquele que exerce, ainda que transitoriamente ou sem remuneração, por eleição, nomeação,

designação, contratação ou qualquer outra forma de investidura ou vínculo, mandato, cargo, emprego ou função nas entidades referidas no art. 1º desta Lei.

- Pessoa física ou jurídica particular – que utiliza recursos públicos:

    Art. 2º (...)
    Parágrafo único. No que se refere a recursos de origem pública, sujeita-se às sanções previstas nesta Lei o particular, pessoa física ou jurídica, que celebra com a administração pública convênio, contrato de repasse, contrato de gestão, termo de parceria, termo de cooperação ou ajuste administrativo equivalente.

- Pessoa jurídica ou física – que induz ou concorra dolosamente para a prática do ato de improbidade administrativa:

    Art. 3º As disposições desta Lei são aplicáveis, no que couber, àquele que, mesmo não sendo agente público, induza ou concorra dolosamente para a prática do ato de improbidade.

5.1.4.1.3 Sujeito ativo do ato de improbidade – sujeito passivo do ato de improbidade e sujeito ativo da ação – sujeito passivo da ação

O *sujeito passivo do ato* de improbidade administrativa é a entidade contra a qual o ato ímprobo foi praticado, a qual poderá se tornar assistente litisconsorcial do Ministério Público, que é o *sujeito ativo da ação*. Atuará, portanto no polo ativo da relação processual.

O *sujeito ativo do ato* de improbidade (agente político ou público e, eventualmente, particular, pessoa física ou jurídica) será o *sujeito passivo da ação* por improbidade.

5.1.4.1.4 Sujeito passivo da ação por improbidade por força de norma de extensão dos efeitos da Lei de Improbidade Administrativa – o particular

O art. 3º da LIA, supratranscrito, merece breves comentários. Os núcleos da ação típica previstos são: induzir e concorrer.

Induzir significa inspirar, provocar, encorajar, incitar, instigar, ou seja, ser uma das causas determinantes da prática do ato ilícito.

Induzir dolosamente significa praticar essas ações com o propósito deliberado de fazer com que o agente público ou político pratique o ato de improbidade.

Concorrer dolosamente é aderir e cooperar, contribuir, unir-se aos desígnios do servidor, ou seja, com a vontade de ver realizado o ato ilícito.

Todavia, para que a pessoa jurídica responda por ato de improbidade não basta que alguém por ela – ainda que sócio – induza ou concorra dolosamente para que o agente político ou público venha a praticar o ato de improbidade administrativa. É preciso que os demais sócios *participem* dessa vontade dolosa de induzir ou concorrer, ou, pelo menos, que a pessoa jurídica pratique tais atos com habitualidade ou tenham setores especializados para essa prática. Sem esses elementos, não se pode dizer que a pessoa jurídica manifestou "vontade" de induzir ou concorrer dolosamente para a prática do ilícito: pode ser atitude unilateral de um sócio ou de um gerente etc. É o que acertadamente estabelece a LIA:

> Art. 3º (...)
> §1º Os sócios, os cotistas, os diretores e os colaboradores de pessoa jurídica de Direito privado não respondem pelo ato de improbidade que venha a ser imputado à pessoa jurídica, salvo se, comprovadamente, houver participação e benefícios diretos, caso em que responderão nos limites da sua participação.

Também a participação nos benefícios diretos – para caracterizar o ato de improbidade administrativa – exige que os sócios, os cotistas, diretores ou colaboradores da pessoa jurídica de Direito privado tenham pleno conhecimento da origem ilícita dos recursos e mesmo assim manifestem a vontade de se beneficiar.

Tais conclusões decorrem do fato de a LIA ter adotado a responsabilidade subjetiva dos autores ou coautores do ato de improbidade administrativa: sem o dolo, não se pode falar em autor ou coautor de ato de improbidade administrativa.

5.1.4.1.5 Falecimento do réu e caso de mudanças contratuais que alterem a personalidade da pessoa jurídica

O falecimento do réu no curso da ação é matéria disciplinada pelo art. 313 do CPC. Há suspensão do processo (art. 313, I) e o autor (no caso, o Ministério Público) será intimado para que "promova a citação do espólio, de quem for o sucessor ou, se for o caso, dos herdeiros, no prazo que designar, de no mínimo 2 (dois) e no máximo de 6 (seis) meses)", como diz o §2º, I, do Código.

Se o condenado por danos ao erário ou por enriquecimento ilícito vier a falecer antes do cumprimento da sentença, seu sucessor ou herdeiro estarão obrigados à reparação no limite da herança ou do patrimônio transferido.

> Art. 8º O sucessor ou o herdeiro daquele que causar dano ao erário ou que se enriquecer ilicitamente estão sujeitos apenas à obrigação de repará-lo até o limite do valor da herança ou do patrimônio transferido.

A mesma regra se aplica em caso de alterações contratuais que alterem a personalidade da pessoa jurídica.

> Art. 8º-A A responsabilidade sucessória de que trata o art. 8º desta Lei aplica-se também na hipótese de alteração contratual, de transformação, de incorporação, de fusão ou de cisão societária.
> Parágrafo único. Nas hipóteses de fusão e de incorporação, a responsabilidade da sucessora será restrita à obrigação de reparação integral do dano causado, até o limite do patrimônio transferido, não lhe sendo aplicáveis as demais sanções previstas nesta Lei decorrentes de atos e de fatos ocorridos antes da data da fusão ou da incorporação, exceto no caso de simulação ou de evidente intuito de fraude, devidamente comprovados.

5.1.4.1.6 Considerações finais

A legitimação para agir (*legitimatio ad causam*),[117] como vimos, se compõe de dois aspectos indissociáveis: a legitimação para agir *ativamente* e a legitimação para agir em face de determinada(s) pessoa(s) (físicas ou jurídicas).

As partes processuais são aquelas que o autor indica em sua inicial: enquanto elementos da ação (partes), não admitem nenhum juízo de valor, apenas juízo de constatação.

---

[117] Não confundir com *legitimatio ad processum*, que é pressuposto processual da parte: capacidade de estar em juízo por si mesmo.

Todavia, cabe ao juiz verificar, com os próprios elementos que a petição inicial traz ao seu conhecimento (inclusive pelos documentos anexados), se essas partes *são legítimas*. Deve verificar, pois, com os elementos de que dispõe, se:
- o autor é o titular do direito deduzido em juízo e ameaçado ou violado (legitimação ordinária), ou se está autorizado por lei a pleitear, em nome próprio, direito alheio (legitimação extraordinária);
- o sujeito colocado no polo passivo da relação jurídica processual é aquele em cuja esfera jurídica a tutela jurisdicional pedida deve produzir seus resultados.

Como já dito, o Ministério Público, titular exclusivo da ação por ato de improbidade administrativa, é substituto processual do Estado, titular do *jus puniendi*.

Também vimos que o sujeito passivo tem que ser o sujeito adequado para as ações por improbidade – agente político ou agente público e, quando ocorrerem as circunstâncias legais, o particular, pessoa jurídica ou física.

Respostas negativas tanto em face do sujeito ativo como do sujeito passivo (ou para ambos) redundam na falta de legitimação para agir ou na ilegitimidade da parte.

Como essa constatação é feita direta e liminarmente pelo juiz, *primo ictu oculi*, essa ilegitimidade se diz *manifesta*.

Contudo, na grande maioria das vezes a ausência das condições da ação (legitimidade e interesse de agir) é constatada em face da contestação ofertada pelo réu. Às vezes, até mesmo dependerá da produção de provas.

5.1.4.2 Indeferimento por falta de interesse de agir

A matéria foi exposta na seção 3.1.1.

Como já dito, o autor será carecedor da ação e terá sua inicial indeferida se não tiver necessidade da atuação jurisdicional ou se seu pedido não for adequado à situação jurídica exposta em juízo.

O art. 17, §6º-B, da LIA determina ao juiz que rejeite a inicial quando manifestamente inexistente o ato de improbidade imputado – caso típico de falta de interesse-necessidade.

5.1.5 Emenda da inicial e seu indeferimento em caso de desatendimento ao disposto nos arts. 106 e 321 (art. 330, IV)

5.1.5.1 Advocacia em causa própria (art. 106)

A norma somente poderá ter aplicação quando o réu for advogado regularmente inscrito na OAB.

Nesse caso:

> Art. 106 Quando postular em causa própria, incumbe ao advogado:
> I – declarar, na petição inicial ou na contestação, o endereço, seu número de inscrição na Ordem dos Advogados do Brasil e o nome da sociedade de advogados da qual participa, para o recebimento de intimações;
> II – comunicar ao juízo qualquer mudança de endereço.
> §1º Se o advogado descumprir o disposto no inciso I, o juiz ordenará que se supra a omissão, no prazo de 5 (cinco) dias, antes de determinar a citação do réu, sob pena de indeferimento da petição.
> §2º Se o advogado infringir o previsto no inciso II, serão consideradas válidas as intimações enviadas por carta registrada ou meio eletrônico ao endereço constante dos autos.

A primeira parte do §1º não se aplica às ações por improbidade porque o autor da demanda não pode ser advogado. Todavia, a parte final do dispositivo de aplica – se o réu, advogado em causa própria, descumprir os requisitos no art. 106, mesmo que intimado para tanto, o juiz deve indeferir sua contestação e determinar seu desentranhamento.

5.1.5.2 Ausência de requisitos essenciais na inicial, constantes dos arts. 319 e 320 do Código de Processo Civil (art. 321)

Os arts. 319 e 320 trazem os requisitos para a elaboração da petição inicial, já estudados.

Não estando preenchidos esses requisitos, antes de indeferir a inicial, deve o juiz tentar corrigi-la ou complementá-la, em homenagem ao princípio da economia processual que recomenda o máximo aproveitamento dos atos praticados.

> Art. 321 O juiz, ao verificar que a petição inicial não preenche os requisitos dos arts. 319 e 320 ou que apresenta defeitos e irregularidades capazes de dificultar o julgamento de mérito, determinará que o autor,

no prazo de 15 (quinze) dias, a emende ou a complete, indicando com precisão o que deve ser corrigido ou completado.
Parágrafo único. Se o autor não cumprir a diligência, o juiz indeferirá a petição inicial.

Portanto, qualquer que seja o problema referente aos requisitos da inicial, deve o juiz dar oportunidade para que ela seja aproveitada.

5.1.6 Recurso contra o indeferimento da inicial

A LIA não tem previsão a respeito – aplicam-se, pois, as regras do CPC.

Contra a decisão que indeferiu *liminarmente* a inicial cabe o recurso de apelação, com possibilidade de juízo de retratação: o mesmo juiz que indeferiu a inicial, em face das razões de apelação do autor, pode mudar sua posição e deferir a inicial.

Se não houver a retratação, o réu será citado para apresentar suas contrarrazões de apelação.

Art. 331 Indeferida a petição inicial, o autor poderá apelar, facultado ao juiz, no prazo de 5 (cinco) dias, retratar-se.
§1º Se não houver retratação, o juiz mandará citar o réu para responder ao recurso. (CPC)

Não havendo a retratação, portanto, o recurso de apelação deve subir para o Tribunal de Justiça – mas, antes, haverá citação do réu para apresentar as suas contrarrazões de apelação.

Caso o autor *não interponha* o recurso de apelação, a decisão transitará em julgado.

Art. 331 (...)
(...)
§3º Não interposta a apelação, o réu será intimado *do trânsito em julgado da sentença*.

Todavia, essa regra jurídica, para se harmonizar com o sistema do CPC, deve ser interpretada como destinada às *sentenças de mérito* (definitivas), pois o nosso ordenamento processual *não* considera que a sentença terminativa seja passível de trânsito em julgado, como expressamente enuncia o art. 486.

Além de sacramentar o princípio geral, o art. 486 sujeita a propositura da mesma ação à correção dos vícios (§1º) e ao pagamento das custas e honorários de advogado (§2º).

Somente em caso de *perempção* – isto é, quando o autor der causa, por três vezes, à prolação de sentença fundada em abandono da causa – não poderá propor novamente a ação contra o réu, com o mesmo objeto, ficando-lhe ressalvada, entretanto, a possibilidade de alegar em defesa o seu direito (§3º).

> Art. 486 O pronunciamento judicial que não resolve o mérito não obsta a que a parte proponha de novo a ação.
> §1º No caso de extinção em razão de litispendência e nos casos dos incisos I, IV, VI e VII do art. 485, a propositura da nova ação depende da correção do vício que levou à sentença sem resolução do mérito.[118]
> §2º A petição inicial, todavia, não será despachada sem a prova do pagamento ou do depósito das custas e dos honorários de advogado.
> §3º Se o autor der causa, por 3 (três) vezes, a sentença fundada em abandono da causa, não poderá propor nova ação contra o réu com o mesmo objeto, ficando-lhe ressalvada, entretanto, a possibilidade de alegar em defesa o seu direito.

Por "trânsito em julgado" da sentença (art. 331 §3º) se deve ler "extinção do processo sem julgamento de mérito" – sem que o autor esteja impedido de repropor utilmente a ação, salvo em caso de perempção e se não preenchidas as condições legais.

Caberá ao Tribunal de Justiça examinar a apelação, que pode confirmar a decisão monocrática ou reformá-la.

> Art. 331 (…)
> (…)
> §2º Sendo a sentença reformada pelo tribunal, o prazo para a contestação começará a correr da intimação do retorno dos autos, observado o disposto no art. 334.
>
> Art. 334 Se a petição inicial preencher os requisitos essenciais e não for o caso de improcedência liminar do pedido, o juiz designará audiência de

---

[118] Art. 485 O juiz não resolverá o mérito quando: I – indeferir a petição inicial; IV – verificar a ausência de pressupostos de constituição e de desenvolvimento válido e regular do processo; VI – verificar ausência de legitimidade ou de interesse processual; VII – acolher a alegação de existência de convenção de arbitragem ou quando o juízo arbitral reconhecer sua competência.

conciliação ou de mediação com antecedência mínima de 30 (trinta) dias, devendo ser citado o réu com pelo menos 20 (vinte) dias de antecedência.

Todavia, entendemos que essa designação depende de o Ministério Público ter requerido na sua inicial e que o réu não se oponha à sua realização, como visto acima.

5.1.7 Indeferimento parcial da inicial

No caso de o autor *cumular* várias ações (com vários réus ou não), o magistrado deve examinar cada uma delas, porque pode haver motivo de indeferimento quanto a uma ou algumas, mas não em relação a todas, ou, ainda, o Ministério Público poderá incluir na inicial pedido que não se enquadre na LIA (se for, por exemplo, em face de ato lesivo à administração pública).

O nosso sistema processual, em homenagem ao princípio da economia processual, efetivamente permite que um mesmo processo abrigue mais de uma ação, dando lugar ao instituto da cumulação de ações, expressamente referido no art. 327 do CPC, se satisfeitos alguns requisitos que a norma prevê em seus parágrafos.

O procedimento em caso de indeferimento parcial deve ser o mesmo a ser seguido quando do total indeferimento, isto é, cabe ao autor interpor a apelação, que será recebida em seu efeito suspensivo (art. 1.012), de modo que o réu será citado apenas para oferecer as contrarrazões de recurso, caso não ocorra o juízo de retratação.

Depois de resolvida a apelação, o processo prosseguirá com todas as ações ou algumas das ações que foram objeto do recurso (se a decisão monocrática de indeferimento for modificada total ou parcialmente) ou apenas com as que foram deferidas inicialmente (se mantida a decisão de primeiro grau).

5.2 Decisão preliminar de improcedência total ou parcial da inicial

5.2.1 Das causas de improcedência liminar no Código de Processo Civil (art. 332)

O CPC prevê, nessa fase inicial do procedimento, a possibilidade de o juiz julgar improcedente a ação.

Art. 332 Nas causas que dispensem a fase instrutória, o juiz, independentemente da citação do réu, julgará liminarmente improcedente o pedido que contrariar:
I – enunciado de súmula do Supremo Tribunal Federal ou do Superior Tribunal de Justiça;
II – acórdão proferido pelo Supremo Tribunal Federal ou pelo Superior Tribunal de Justiça em julgamento de recursos repetitivos;
III – entendimento firmado em incidente de resolução de demandas repetitivas ou de assunção de competência;
IV – enunciado de súmula de tribunal de justiça sobre Direito local.
§1º O juiz também poderá julgar liminarmente improcedente o pedido se verificar, desde logo, a ocorrência de decadência ou de prescrição.

A condição geral para exame de mérito nesta fase inicial do procedimento é a de que a demanda não necessite da fase instrutória, porque já devidamente instruída por documentos.

Não será fácil ocorrer essa hipótese nas ações por ato de improbidade administrativa.

Contudo, se ela se apresentar, ainda é necessário que ocorra uma das situações previstas nos incisos do art. 332, que retratam circunstâncias que determinariam a improcedência da ação no final do processo – e, por economia processual, a lei determina que a demanda seja julgada improcedente desde logo.

Caso específico de improcedência é a verificação pelo juiz da prescrição, que no caso das ações por ato de improbidade será de oito anos, antes do ajuizamento da inicial, segundo o art. 23 da LIA, que determina seu dia de início.

Art. 23 A ação para a aplicação das sanções previstas nesta Lei prescreve em 8 (oito) anos, contados a partir da ocorrência do fato ou, no caso de infrações permanentes, do dia em que cessou a permanência.[119]
Todavia, a LIA não restringiu o exame do mérito à essa fase liminar, mas o permitiu em qualquer momento processual:

Art. 17-A (...)
(...)
§11 Em qualquer momento do processo, verificada a inexistência do ato de improbidade, o juiz julgará a demanda improcedente.

---

[119] A complexa matéria referente à prescrição foi objeto de artigo escrito pelo autor e por Mario Dorna, publicado na já citada obra *Lei de Improbidade Administrativa Reformada* (p. 715).

A improcedência liminar do pedido pode ser total ou parcial e, em ambos os casos, cabe apelação, seguindo-se o seguinte procedimento, previsto pelo CPC.

> Art. 332 (...)
> (...)
> §2º Não interposta a apelação, o réu será intimado do trânsito em julgado da sentença, nos termos do art. 241.
> §3º Interposta a apelação, o juiz poderá retratar-se em 5 (cinco) dias.
> §4º Se houver retratação, o juiz determinará o prosseguimento do processo, com a citação do réu, e, se não houver retratação, determinará a citação do réu para apresentar contrarrazões, no prazo de 15 (quinze) dias.

Recebida parcialmente a inicial, o réu será citado também para apresentar sua contestação.

5.3 Deferimento da inicial

5.3.1 Deferimento da inicial e citação do réu

Após as emendas determinadas pelo juiz ou feitas de ofício pelo Ministério Público e não sendo o caso de seu indeferimento liminar ou de julgamento liminar de mérito, o juiz determinará a citação do(s) réu(s) para que, no prazo comum de trinta dias, a partir dos marcos iniciais estatuídos no art. 231 do CPC, se quiserem, apresentarem sua defesa.

Assim estabelece o art. 17, §7º, da LIA:

> §7º Se a petição inicial estiver em devida forma, o juiz mandará autuá-la e ordenará a citação dos requeridos para que a contestem no prazo comum de 30 (trinta) dias, iniciado o prazo na forma do art. 231 da Lei nº 13.105, de 16 de março de 2015. (CPC)

Deve ser observado que, ao despachar liminarmente a inicial, esta já estará autuada (física ou eletronicamente).

Depois, pelo rito do CPC, a citação do réu é feita para comparecer à audiência de conciliação com pelo menos vinte dias de antecedência da data designada pelo juiz, no mesmo despacho, caso o autor, na inicial, tenha optado pela sua realização (art. 334 e parágrafos do CPC).

Porém, deve prevalecer a regra especial da LIA: a citação será feita para a apresentação da defesa – que, como veremos, poderá ser a contestação ou, cumulativamente, a reconvenção.

Todavia, se o Ministério Público manifestou, na inicial, pedido de designação de audiência de conciliação, caberá ao réu manifestar, em sua contestação, se tem interesse ou não na sua realização. Se ambos tiverem interesse, cabe ao magistrado designar a audiência e intimar as partes.

5.3.2 Decisão sobre pedido de indisponibilização de bens

Deferindo a inicial, caso por ela o Ministério Público tenha interposto ação cautelar de indisponibilidade de bens *inaudita altera parte*, cabe ao juiz examinar o pedido e decidir se o defere liminarmente ou não. A matéria foi estudada na seção 4.5, supra.

CAPÍTULO 6

DA RESPOSTA DO RÉU – CONTESTAÇÃO E RECONVENÇÃO

6.1 A contestação do réu

6.1.1 Da contestação do réu

Uma primeira observação a ser feita é a de que, em boa hora, a reformulação da LIA abandonou a apresentação de defesa prévia, que era tão inútil quanto a quinta roda do carro.

Atualmente, o réu é citado, como vimos, para apresentar a sua defesa, que pode consistir em uma contestação, que é a sua principal peça processual, na qual ele deverá alegar tudo aquilo que possa ser motivo para indeferimento da inicial e para a improcedência da ação, dado o princípio da eventualidade, mas que também poderá ser feita mediante uma ação de reconvenção, que será examina a breve tempo.

Antes de estudarmos as matérias que podem ser alegadas na contestação, é preciso saber como o procedimento comum disciplina o prazo para que ela seja apresentada.

6.1.2 Prazo para contestar

6.1.2.1 Prazo geral

A LIA estatui:

> Art. 17 (...)
> (...)
> §7º Se a petição inicial estiver em devida forma, o juiz mandará autuá-la e ordenará a citação dos requeridos para que a contestem no prazo

comum de 30 (trinta) dias, iniciado o prazo na forma do art. 231 da Lei nº 13.105, de 16 de março de 2015. (CPC)

Esse prazo comum (corre para todos os réus, simultaneamente) é chamado de prazo geral, mas, como veremos em seguida, há prazo especial quando houver litisconsórcio passivo.

6.1.2.2 Prazo especial – litisconsórcio passivo

Além do prazo geral, o CPC estabelece prazo especial em caso de litisconsórcio passivo, com diferentes advogados.

> Art. 229 Os litisconsortes que tiverem diferentes procuradores, de escritórios de advocacia distintos, terão prazos contados em dobro para todas as suas manifestações, em qualquer juízo ou tribunal, independentemente de requerimento.
> §1º Cessa a contagem do prazo em dobro se, havendo apenas 2 (dois) réus, é oferecida defesa por apenas um deles.
> §2º Não se aplica o disposto no *caput* aos processos em autos eletrônicos.

Se há mais de um advogado constituído nos autos para as partes passivas, desde que pertençam a escritórios diversos, todos os prazos serão contados em dobro, para facilitar o exercício da ampla defesa, pois os autos podem ser examinados pelos advogados das partes, separadamente. A regra perde a razão de ser se os advogados pertencem ao mesmo escritório ou se o processo for eletrônico, que permite consultas simultâneas.

Após o prazo em dobro para contestar, todos os demais serão assim contados, a menos que um dos litisconsortes passivos não apresente defesa.

6.1.3 Início da contagem do prazo (*dies a quo*)

O art. 17, §7º, da LIA, acima transcrito, nos remete ao art. 231 do CPC, para verificação do *dies a quo*: o início de contagem do prazo.

O art. 231 do CPC é extenso e, pela importância do princípio da ampla defesa, disciplina várias situações:

> Art. 231 Salvo disposição em sentido diverso, considera-se dia do começo do prazo:
> I – a data de juntada aos autos do aviso de recebimento, quando a citação ou a intimação for pelo correio;

II – a data de juntada aos autos do mandado cumprido, quando a citação ou a intimação for por oficial de justiça;
III – a data de ocorrência da citação ou da intimação, quando ela se der por ato do escrivão ou do chefe de secretaria;
IV – o dia útil seguinte ao fim da dilação assinada pelo juiz, quando a citação ou a intimação for por edital;
V – o dia útil seguinte à consulta ao teor da citação ou da intimação ou ao término do prazo para que a consulta se dê, quando a citação ou a intimação for eletrônica;
VI – a data de juntada do comunicado de que trata o art. 232 ou, não havendo esse, a data de juntada da carta aos autos de origem devidamente cumprida, quando a citação ou a intimação se realizar em cumprimento de carta;
Art. 232 Nos atos de comunicação por carta precatória, rogatória ou de ordem, a realização da citação ou da intimação será imediatamente informada, por meio eletrônico, pelo juiz deprecado ao juiz deprecante.
(...)
VII – a data de publicação, quando a intimação se der pelo Diário da Justiça impresso ou eletrônico;
VIII – o dia da carga, quando a intimação se der por meio da retirada dos autos, em carga, do cartório ou da secretaria.
IX – o quinto dia útil seguinte à confirmação, na forma prevista na mensagem de citação, do recebimento da citação realizada por meio eletrônico. (Incluído pela Lei nº 14.195, de 2021)
§1º Quando houver mais de um réu, o dia do começo do prazo para contestar corresponderá à última das datas a que se referem os incisos I a VI do *caput*.
§2º Havendo mais de um intimado, o prazo para cada um é contado individualmente.
§3º Quando o ato tiver de ser praticado diretamente pela parte ou por quem, de qualquer forma, participe do processo, sem a intermediação de representante judicial, o dia do começo do prazo para cumprimento da determinação judicial corresponderá à data em que se der a comunicação.
§4º Aplica-se o disposto no inciso II do *caput* à citação com hora certa.

Ainda, a respeito da contagem do prazo:

Art. 219 Na contagem de prazo em dias, estabelecido por lei ou pelo juiz, computar-se-ão somente os *dias úteis*.
Parágrafo único. O disposto neste artigo aplica-se somente aos prazos processuais.

Portanto, não são computados os sábados, domingos, feriados e dias em que o expediente forense for suspenso.

Por fim, temos que o art. 355 do CPC também disciplina prazos para a contestação, mas suas regras não se aplicam às ações por improbidade.

6.1.4 Das ações por ato de improbidade administrativa e das defesas do réu em contestação – visão geral

As ações de conhecimento – ações declaratórias, condenatórias-executivas e constitutivas – têm por *núcleo* o direito ao julgamento do mérito da demanda.

Com efeito, no que tange às ações de conhecimento e, em certa medida, às ações cautelares, todo trabalho de verificação dos fatos e de aplicação do direito realizado pelo juiz (atividades de conhecimento) tem por objeto concluir se a ação proposta é procedente ou improcedente, ou seja, decidir o mérito da causa.

Urge reafirmar que as ações por ato de improbidade administrativa são ações de conhecimento que contêm duas fases – a fase cognitiva, na qual se aplicam as regras jurídicas e os conceitos doutrinários a respeito da ação de *conhecimento condenatória tradicional*; e a *fase de cumprimento de sentença*.

Neste passo, interessa-nos apenas a fase cognitiva, ou fase de conhecimento.

Porém, antes de contestar o mérito da causa, a parte passiva pode suscitar algumas questões de Direito que devem ser examinadas, pelo juiz, com precedência em relação ao mérito da causa, porque podem: (i) interferir no seu conteúdo ou (ii) impedir que o exame de mérito seja efetuado.

Essas questões[120] são agrupadas em dois tipos: (i) questões prejudiciais e (ii) questões preliminares.

À contestação se aplica o *princípio da eventualidade*, segundo o qual nela o réu deve expor toda a matéria de defesa, seja ou não de mérito, sob pena de ocorrer preclusão. Portanto, deve alegar todas as questões prejudiciais, todas as questões preliminares e, ainda, todas as questões de mérito.

---

[120] Para o Direito Processual, "questão" é um ponto controvertido de fato ou de Direito – dando origem às questões de fato e às questões de Direito.

6.1.5 Questões que antecedem a discussão do mérito da causa: questões prejudiciais

As *questões prejudiciais* decorrem da interdependência que existe entre as relações jurídicas. Assim, pode acontecer que certa relação jurídica deduzida em juízo *pressuponha* a existência de outra relação jurídica que, todavia, não será investigada nem levada em conta no julgamento, a menos que se torne *controvertida*, de fato e de direito.[121]

No caso da ação por ato de improbidade administrativa, uma questão prejudicial poderá ser, por exemplo, a qualidade de agente político ou público do réu. Se ele alegar essa questão prejudicial, ela será objeto de verificação pelo juiz e, caso seja procedente, importará na improcedência da ação, pois aquela qualidade é fundamental para a existência do ato de improbidade administrativa.

Portanto, sempre que a relação jurídica exposta pelo autor tiver por pressuposto *outra relação jurídica ou estado jurídico*, os quais, embora não sendo objeto de conhecimento do juiz, se tornem controvertidos, teremos uma *questão prejudicial*, a ser enfrentada preambularmente pelo juiz, em sua sentença, pois esse julgamento pode determinar a sorte da demanda (daí seu nome: *prejudicial*).

Com efeito, no exemplo dado, se o juiz julgar procedente a questão prejudicial (o réu não é agente político ou agente público), a sorte da ação de improbidade estará determinada (será improcedente), conquanto a recíproca não seja verdadeira (mesmo sendo agente, pode não ter ocorrido o ato ímprobo).[122]

Uma questão prejudicial especial diz respeito à *arguição de inconstitucionalidade* da norma jurídica em que o autor apoia a sua pretensão – matéria que também deve ser enfrentada desde logo pelo órgão jurisdicional.[123]

---

[121] Normalmente a questão de fato dá lugar a uma questão de Direito: *ex facto oritur ius*.

[122] Em situações como essas (no campo privado, quando o réu, por exemplo, nega a qualidade de pai, em ação de alimentos ajuizada por suposto filho), ele, em verdade, é parte passiva ilegítima – mas, ao mesmo tempo, o autor não tem o direito alegado em juízo (obtenção de alimentos), matéria que seria, de qualquer forma, examinada pelo juiz. Assim, prevalece a sentença de mérito para declarar que o autor não tem o direito alegado em juízo (a sentença de improcedência, como se sabe, é sempre uma sentença declaratória). Ver matéria em *Teoria Geral do Novo Processo Civil Brasileiro* (p. 181). Se fosse ação por improbidade, o Estado não teria o direito de aplicar as sanções (não tinha o direito de punir).

[123] No Brasil, vigoram dois sistemas de controle de constitucionalidade das leis – o chamado controle difuso, que é exercido por qualquer magistrado em uma causa determinada, hipótese em que o reconhecimento da constitucionalidade ou da inconstitucionalidade vale apenas entre as partes e para aquele processo; e o denominado controle concentrado, que é realizado pelos Tribunais Estaduais (quando o confronto diz respeito a uma lei municipal

A questão prejudicial deve ser alegada na resposta do réu e, embora a lei processual não o diga expressamente (não consta da enumeração do art. 337 do CPC), deve ser exposta *antes* de qualquer outra matéria de defesa, por uma razão de antecedência lógica de seu conteúdo em face dos demais temas da ação.

No CPC, a matéria vem cuidada de forma a gerar dúvidas sobre a constitucionalidade de algumas regras jurídicas.

> Art. 503 A decisão que julgar total ou parcialmente o mérito tem força de lei nos limites da questão principal expressamente decidida.
>
> §1º O disposto no *caput* aplica-se à resolução de *questão prejudicial*, decidida expressa e incidentemente no processo, se:
>
> I – dessa resolução depender o julgamento do mérito;
>
> II – a seu respeito tiver havido contraditório prévio e efetivo, não se aplicando no caso de revelia;
>
> III – o juízo tiver competência em razão da matéria e da pessoa para resolvê-la como questão principal.
>
> §2º A hipótese do §1º não se aplica se no processo houver restrições probatórias ou limitações à cognição que impeçam o aprofundamento da análise da questão prejudicial.

Duas severas críticas merecem essas normas. De um lado, inclui a questão prejudicial entre as questões de mérito (art. 503, *caput*), *sem a necessidade da iniciativa da parte* (art. 503, §1º), quebrando o sistema da inércia da jurisdição e da iniciativa da parte, o que, para nós, é causa de sua inconstitucionalidade.

Em seguida, o §2º do art. 503 entrega ao subjetivismo do juiz incluir ou não a questão prejudicial como questão de mérito.[124]

Outro equívoco está na redação do próprio art. 503 – pois, se a questão prejudicial deve integrar o mérito, não pode ter sido decidida *"incidentemente"*, pois o que se exige nos incisos do §1º é muito mais que isso. Há aqui, verdadeiramente, uma *contradictio in adjecto*.

---

ou estadual em face da Constituição Estadual) e pelo Supremo Tribunal Federal (quando se alega que lei federal viola a Constituição Federal). Neste último caso, se inconstitucional, a norma será cassada e deixará de ter eficácia *erga omnes*. Na Itália vigora apenas este último e somente a Corte Constitucional pode decidir a respeito, devendo o juiz, em face de alegação da parte, suspender o processo e remeter-lhe a questão (art. 134 da Constituição italiana), a menos que a considere manifestamente infundada (LIEBMAN. Op. cit., p. 155).

[124] Essas regras evidenciam, uma vez mais, a enorme repulsa do legislador à possibilidade de decisões contraditórias, como seria possível no sistema anterior. Porém, muitas vezes – como no caso ora comentado –, para atingir seu objetivo, quebra princípios mais importantes, como o da iniciativa da parte e da inércia da jurisdição, que sustentam o devido processo legal no Estado de Direito.

Postas essas considerações, chega-se à conclusão de que o CPC ampliou a área de *decisum* do juiz para nela incluir, verificadas as condições do §1º do art. 503, muito embora não tenha havido pedido (ou seja, ação) da parte. E é o *decisum* da sentença que transita em julgado.

Porém, o §2º nos parece totalmente inconstitucional, pois faz depender a questão de ser ou não de mérito a decisão, de apreciação inteiramente subjetiva por parte do juiz.

Em conclusão: a questão prejudicial deve ser arguida em preliminar na contestação e deve o réu pedir sua inclusão no *decisum* da sentença de mérito. Se não o fizer, o autor poderá fazê-lo. De qualquer maneira, as duas partes devem esgotar o tema (com argumentos e provas), pois a questão prejudicial fará coisa julgada.

6.1.6 Questões que antecedem a discussão do mérito da causa: questões preliminares

Além de arguir uma *questão prejudicial*, o réu pode, ainda: (i) se insurgir contra o direito de ação do autor (negando sua existência) ou (ii) alegar um vício na relação jurídica processual.

Como o direito de ação de conhecimento é um direito a que se julgue o mérito da demanda, se esse direito não estiver presente o Estado-Juiz se exime desse exame e extingue o processo sem julgamento de mérito: profere uma sentença terminativa.

Com a propositura da ação, instaura-se a relação jurídica processual, que depende de alguns requisitos para ser válida – os chamados *pressupostos processuais*.

A ausência de alguns deles pode ser reparada, mas a de outros não. Com a alegação do réu, ou haverá a possibilidade de correção, ou, em caso negativo, a extinção do processo.

As duas espécies de defesa devem ser expostas na contestação: chamam-se *questões preliminares* porque são examinadas antes do mérito e, dependendo das circunstâncias, podem determinar o encerramento do processo.

Vejamos as matérias que se constituem em questões preliminares.

6.1.7 Questões preliminares – matérias alegáveis

As questões preliminares sempre dirão respeito a uma destas questões:

- As condições da ação:
    (i) Interesse de agir;
    (ii) Legitimação para agir.
- Os pressupostos processuais:
    ¬ Referentes ao juiz:
    (i) Investidura;
    (ii) Competência;
    (iii) Imparcialidade.
    ¬ Referentes às partes:
    (i) Capacidade de ser parte;
    (ii) Capacidade de estar em juízo;
    (iii) Capacidade postulatória.
- Os atos e ritos procedimentais:
    (i) Forma do ato processual;
    (ii) Rito procedimental.

Na redação do CPC, essa classificação doutrinária não aparece, mas esses pressupostos se enquadram nas suas previsões legais, como veremos. Por exemplo: o art. 337, II, menciona a alegação de incompetência relativa ou absoluta. Essa alegação se refere a um dos pressupostos processuais referentes ao juiz: a competência.

Os fatos jurídicos relacionados no art. 337, portanto, sempre se referem às questões preliminares acima mencionadas.

Eis o teor do art. 337:

Art. 337 Incumbe ao réu, antes de discutir o mérito, alegar:
I – Inexistência ou nulidade da citação;
II – Incompetência absoluta e relativa;[125]
III – Incorreção do valor da causa;
IV – Inépcia da petição inicial;
V – Perempção;
VI – Litispendência;
VII – Coisa julgada;
VIII – (não se aplica às ações por improbidade);
IX – Incapacidade da parte, defeito de representação ou falta de autorização;
X – (não se aplica às ações por improbidade)

---

[125] A regra também está escrita no art. 64 do CPC.

XI – Ausência de legitimidade ou de interesse processual;
XII – (não se aplica às ações por improbidade);
XIII – (não se aplica às ações por improbidade).

Na análise que se segue, enquadramos o fato ou ato previsto nos incisos do art. 337 em um dos pressupostos processuais ou numa das condições da ação.[126]

6.1.8 Questões preliminares referentes ao juiz (pressupostos processuais referentes ao juiz): competência

6.1.8.1 Generalidades

A competência é um pressuposto processual para que a instauração de uma relação jurídica seja válida – e esse pressuposto diz respeito ao órgão jurisdicional.

A matéria referente à competência, no Direito Processual, corresponde a uma divisão de trabalho entre os órgãos jurisdicionais, de acordo com certos critérios seguidos pelo legislador, chamados critérios determinativos da competência.

No estudo da competência são analisadas diversas etapas, progressivamente, a saber: (i) competência da autoridade judiciária brasileira (competência internacional); (ii) competência de uma das Justiças que integram o Poder Judiciário; (iii) competência de Foro ou de Comarca; (iv) competência de Juízo ou Vara.

Dessa maneira, chega-se ao juízo ou vara competente para a distribuição e o ajuizamento da petição inicial.

Entretanto, a competência do órgão jurisdicional, como se sabe, pode ser *absoluta* e *relativa*.

A competência será absoluta quando fixada em razão da natureza do direito sobre o qual versa a lide ou fixada pela qualidade da parte e, ainda, pelo critério funcional.

Relativa é a competência fixada pelo critério do valor da causa ou territorial. A competência relativa pode ser alterada, seja por convenção das partes (que estabelecem o chamado foro de eleição), seja tacitamente, isto é, quando o réu não a alega em sua contestação (o juízo que não era competente se torna competente porque sua competência

---

[126] Portanto, não seguiremos a ordem dos incisos do art. 337.

se diz *prorrogada*).

6.1.8.2 Competência absoluta (de juízo) e relativa (de foro) para as ações por improbidade administrativa

A competência de foro para as ações por improbidade é *relativa* e está prevista na LIA:

> Art. 17 (...)
> (...)
> §4º-A A ação a que se refere o *caput* deste art.deverá ser proposta perante o foro do local onde ocorrer o dano ou da pessoa jurídica prejudicada.[127]

Já a competência de Juízo, que é *absoluta*, é estabelecida pelas Leis de Organização Judiciária e atribuída à Vara da Fazenda Pública, que poderá ser Federal ou Estadual, consoante haja interesse da Fazenda da União, do Distrito Federal e dos Territórios ou de um dos Estados ou do Município. Onde não houver Vara da Fazenda Pública, a competência será de uma das Varas Cíveis existentes no Foro competente.

6.1.8.3 Alegação de incompetência; procedimento; recurso

A incompetência absoluta ou relativa será alegada como matéria preliminar da contestação, segundo dispõe o inciso II do art. 337 do CPC. Todavia, o juiz pode conhecer de ofício a questão da incompetência absoluta (art. 447, §5º).

Caso o réu não alegue a incompetência relativa, a matéria será preclusa e o juízo no qual foi interposta a ação se tornará competente. No entanto, a incompetência absoluta poderá ser alegada a qualquer tempo ou grau de jurisdição (art. 64, §1º, CPC).

A incompetência absoluta também deve ser matéria de *questão preliminar* – mas o juiz pode conhecer dessa matéria *ex officio*, por se tratar de matéria de ordem pública.[128]

---

[127] Matéria examinada quando vimos os requisitos da inicial (juízo ao qual é dirigida). A competência de foro, como vimos, é concorrente.

[128] Matéria de ordem pública é aquela que está acima do interesse das partes. A competência absoluta do juiz é ditada por razões de interesse público, mas a relativa é ditada por questões pragmáticas, para facilitar a atuação das partes, e, por essa razão, pode ser modificada.

Após a alegação de incompetência, o *procedimento* inicial a ser seguido está nas regras do art. 340 do CPC e seus parágrafos:

> Art. 340. Havendo alegação de incompetência relativa ou absoluta, a *contestação* poderá ser protocolada no foro de domicílio do réu, fato que será imediatamente comunicado ao juiz da causa, preferencialmente por meio eletrônico.
> §1º A contestação será submetida a livre distribuição ou, se o réu houver sido citado por meio de carta precatória, juntada aos autos dessa carta, seguindo-se a sua imediata remessa para o juízo da causa.
> §2º Reconhecida a competência do foro indicado pelo réu, o juízo para o qual for distribuída a contestação ou a carta precatória será considerado prevento. (CPC)

Essas regras disciplinam o procedimento a ser seguido quando o réu, na contestação, alegar incompetência. Sua contestação (e eventual reconvenção) poderá ser protocolada no foro do seu domicílio. Será livremente distribuída (entre as Varas da Fazenda ou as Varas Cíveis, se o foro não contar com aquelas), a menos que o réu tenha citado por carta precatória – nesse caso, o juízo ao qual a carta precatória de citação foi distribuída estará prevento e para ele seguirá a contestação (e reconvenção). Em seguida, a contestação segue para o juízo perante o qual o Ministério Público ajuizou a ação. O juiz decidirá a questão. Se achar que ele mesmo é o competente, o processo seguirá perante o juízo onde atua. Se o réu indicar outro foro e o juiz da causa reconhecer que o réu tem razão, para lá ele encaminhará os autos.

Antes de ser reconhecida ou não a incompetência, porém, o juiz ouvirá o Ministério Público, decidindo logo em seguida (art. 64, §2º, CPC).

Se a alegação de incompetência for acolhida, os autos serão remetidos ao juízo competente (art. 64, §3º, CPC).

Por fim, o art. 64, §4º, do CPC disciplina a eficácia das decisões proferidas pelo juiz incompetente:

> Art. 64 (...)
> (...)
> §4º Salvo decisão judicial em sentido contrário, conservar-se-ão os efeitos de decisão proferida pelo juízo incompetente até que outra seja proferida, se for o caso, pelo juízo competente.

Homenageando o princípio da economia processual e da imparcialidade do juiz, o CPC determina que os atos decisórios proferidos por juiz absoluta ou relativamente incompetente conserve sua eficácia até que o magistrado competente os substitua ou os ratifique.

A decisão interlocutória, que não reconhece a incompetência, *não está* entre aquelas previstas no art. 1.015 do CPC, como sujeita ao recurso de agravo de instrumento. Todavia, como entendemos que a enumeração desse dispositivo legal é meramente exemplificativa, o réu pode agravar daquela decisão. Aliás, seria um absurdo deixar que o processo prossiga com tal pendência, para exame apenas quando da apelação interposta em face da sentença de mérito, pois ele pode ser inteiramente anulado se o tribunal reconhecer a incompetência do juízo que decidiu a causa.

6.1.8.4 Conflito de competência

O art. 66 do CPC diz, quando ocorre o conflito de competência:

> Art. 66 Há conflito de competência quando:
> I – 2 (dois) ou mais juízes se declaram competentes;
> II – 2 (dois) ou mais juízes se consideram incompetentes, atribuindo um ao outro a competência;
> III – entre 2 (dois) ou mais juízes surge controvérsia acerca da reunião ou separação de processos.
> Parágrafo único. O juiz que não acolher a competência declinada deverá suscitar o conflito, salvo se a atribuir a outro juízo.

O conflito de competência seguirá o procedimento previsto no art. 951 e seguintes do CPC, aos quais remetemos o leitor.

6.1.9 Questões preliminares referentes ao juiz: alteração da competência; conexão; aplicação em ações por improbidade

A conexão é um vínculo que une duas ou mais ações porque elas têm em comum, total ou parcialmente, o pedido mediato e a causa de pedir.[129]

---

[129] Art. 55 Reputam-se conexas 2 (duas) ou mais ações quando lhes for comum o pedido ou a causa de pedir. (CPC)

A conexão é um fator que recomenda a reunião dos processos e, pois, pode determinar a modificação da competência relativa. A razão dessa reunião é evitar a prolação de sentenças conflitantes, que sempre desprestigiam o Poder Judiciário (art. 55, CPC).

No caso das ações por improbidade, *há possiblidade jurídica* de *total* ou *parcial* identidade de pedido ou de causa de pedir.

Com efeito, imagine-se que um segundo coautor de um mesmo ato de improbidade administrativa, objeto de uma ação já ajuizada, seja descoberto tardiamente e que o Ministério Público ajuíze contra ele outra ação. É evidente que entre ambas as ações há conexão – tanto que, se fosse descoberta aquela coautoria a tempo, o coautor poderia figurar na mesma ação que já fora intentada.

Nesse caso, os processos devem ser apensados para uma única decisão (para evitar decisões contraditórias), como determina o art. 55, §3º, e serão apensados no juízo prevento (no Foro e Vara Cível ou da Fazenda, conforme o caso).

6.1.10 Questões preliminares referentes a pressupostos processuais do juiz que não constam dos incisos do art. 337

6.1.10.1 Imparcialidade; extensão ao Ministério Público

Outro pressuposto processual referente ao juiz diz respeito à sua *imparcialidade*.

Em determinadas circunstâncias, o juiz não pode exercer sua atividade, porque, de acordo com o entendimento do legislador, são casos em que haveria atuação parcial do juiz: são as hipóteses de impedimento (art. 144) e de suspeição (art. 155).[130]

Todavia, essa matéria não deve ser alegada em preliminar da contestação, mas em petição separada. Pode ocorrer que os prazos para contestar e para alegar o impedimento ou suspeição sejam idênticos: o réu deverá apresentar sua contestação e a impugnação em separado.

> Art. 146 No prazo de 15 (quinze) dias, a contar do conhecimento do fato, a parte alegará o impedimento ou a suspeição, em petição específica dirigida ao juiz do processo, na qual indicará o fundamento da recusa, podendo instrui-la com documentos em que se fundar a alegação e com rol de testemunhas. (CPC)

---

[130] Sobre o tema, ver DAL POZZO (op. cit., p. 415).

O CPC determina que os motivos de impedimento e suspeição – que estão, respectivamente, nos arts. 144 e 145) – se aplicam aos membros do Ministério Público (autor da ação), aos auxiliares da justiça e demais sujeitos do processo (art. 148). O código processual também prevê o procedimento para a arguição de impedimento e suspeição.

Reconhecido o impedimento ou a suspeição, o processo será redistribuído, pois a parcialidade do juiz compromete a higidez da relação processual.

6.1.10.2 Investidura

O terceiro e último pressuposto processual referente ao juiz é a *investidura* – o juiz deve estar regularmente investido em suas funções jurisdicionais.[131]

Dificilmente, na prática, ocorrerá essa situação; mas, se porventura ocorrer, a matéria deve ser alegada também em petição separada, como determina o art. 146, aplicável aqui por analogia: *ibi eadem ratio ibi eadem dispositio*.

6.1.11 Questões preliminares referentes à capacidade das partes (Código de Processo Civil, art. 337, XI)

6.1.11.1 Capacidade das partes[132]

A capacidade da pessoa natural e da pessoa jurídica é enfocada pelo Direito Processual sob três perspectivas: (i) capacidade de ser parte; (ii) capacidade de exercício; e (iii) capacidade postulatória.

A *capacidade de ser parte* (instituto do Direito Processual) decorre da chamada *capacidade jurídica* (instituto do Direito Civil).

Logo no seu art. 1º, o Código Civil anuncia que "toda pessoa é capaz de direitos e deveres na ordem civil" – que é, exatamente, a

---

[131] A investidura é o procedimento criado por lei para que uma pessoa física possa ingressar em um órgão público e exercer suas atribuições. Segundo a Constituição Federal, a investidura em órgão jurisdicional ocorre de duas maneiras – ou por concurso público de títulos e provas ou, quando se tratar de cargo em tribunal, mediante a nomeação de membros do Ministério Público ou de Advogados, de acordo com procedimento estabelecido em lei, forma esta que é prevista para um quinto das vagas (chamado quinto constitucional).

[132] Ver DAL POZZO (op. cit., p. 527 e seguintes), onde a matéria, que pertence à Parte Geral, está minuciosamente examinada. Todavia, há modificação no texto presente quanto a capacidade de exercício por força de alteração do Código Civil.

denominada *capacidade jurídica*, a qual se reflete no Direito Processual como a *capacidade de ser parte*, como lê no art. 70 do CPC:

> Art. 70 Toda pessoa que se encontre no exercício de seus direitos tem capacidade para estar em juízo.

Porém, se toda pessoa tem capacidade jurídica e, pois, capacidade de ser parte, nem todas podem exercer por si mesmas os próprios direitos, pois, para tanto, elas precisam ser *plenamente capazes*, ou, segundo o Direito Civil, dispor da *capacidade de exercício*.

A capacidade de exercício, a seu turno, se projeta no campo processual como *capacidade processual* (ou, ainda: *capacidade de estar em juízo* ou *legitimatio ad processum*).

Por fim, a capacidade postulatória é instituto de Direito Processual e significa a aptidão para pleitear em juízo.

6.1.11.2 Da representação e da assistência da pessoa natural

Não possuindo capacidade de exercício, por ser menor ou por ter sido declarado absolutamente incapaz, o réu deve estar no processo pelo seu *representante legal* ou *representante judicial*, que, conforme o caso, poderá ser um tutor ou um curador – institutos do Direito Civil, disciplinados Título IV, Capítulo I e seguintes do Código Civil (art. 1.728 e seguintes).

6.1.11.3 Da representação da pessoa jurídica

A pessoa jurídica de Direito privado pode ser ré em ação por improbidade, como vimos acima – mas a União, o Estado e o Distrito Federal, enquanto vítimas dos atos de improbidade, são substituídos (legitimação ativa extraordinária) pelo Ministério Público.

O art. 75 do CPC estabelece uma relação de pessoas jurídicas de Direito público e de Direito privado apontando seus representantes, entre os quais nos interessam:

> Art. 75 Serão representados em juízo, ativa e passivamente:
> (...)
> VIII – a pessoa jurídica, por quem os respectivos atos constitutivos designarem ou, não havendo essa designação, por seus diretores;

IX – a sociedade e a associação irregulares e outros entes organizados sem personalidade jurídica, pela pessoa a quem couber a administração de seus bens;

X – a pessoa jurídica estrangeira, pelo gerente, representante ou administrador de sua filial, agência ou sucursal aberta ou instalada no Brasil.

Convém recordar que, no caso da substituição processual, parte é o substituto, e não o substituído; na representação, parte é o representado, e não o representante.

6.1.11.4 Questões preliminares referentes à capacidade postulatória

Para poder postular (pedir, requerer) em juízo, é preciso que se disponha da *capacidade postulatória*. Os advogados regularmente inscritos na Ordem dos Advogados do Brasil (OAB), os membros do Ministério Público, os defensores públicos e os advogados públicos têm capacidade postulatória.

A capacidade postulatória pode ser objeto de questão preliminar, arguida de forma direta: o advogado, por exemplo, está suspenso da OAB por ter praticado infração funcional.

O CPC, porém, menciona expressamente uma arguição *indireta* a respeito da capacidade postulatória daquele que foi nomeado *indevidamente* para defesa de pessoa que supostamente seria beneficiária da justiça gratuita, mas cuida da matéria apenas quando essa gratuidade é concedida ao autor (art. 98 e seguintes do CPC). Como essa hipótese se aplica à ação por improbidade, pode ocorrer de o procurador do réu ter sido *indevidamente* nomeado (o réu não poderia gozar dos benefícios da justiça gratuita); nesse caso, pode haver impugnação do Ministério Público e, se julgada procedente, a consequência lógica é a de que a revogação do benefício acarreta para a parte o ônus de constituir advogado particular. No entanto, não serão inválidos os atos já praticados.

Como se vê, a matéria, em última análise, diz respeito à capacidade postulatória.

Da decisão de revogar a gratuidade de justiça cabe recurso de agravo de instrumento (art. 1.015, V).

6.1.12 Questões preliminares quanto à regularidade formal de ato processual: a citação (Código de Processo Civil, art. 337, I)

O devido processo legal é constituído por diversas regras, sendo que uma delas, de grande importância, é o direito do réu à ampla defesa (Constituição Federal, art. 5º, LV) e o direito ao contraditório, isto é, o direito de ter a possibilidade de se defender, mediante ciência dos atos praticados pela outra parte.

Não seria concebível, num Estado de Direito, um processo que corresse sem o conhecimento do réu.

Daí a importância da citação:

> Art. 238 Citação é o ato pelo qual são convocados o réu, o executado ou o interessado para integrar a relação processual.

Sem a citação, a relação jurídica processual e o processo serão irremediavelmente nulos:

> Art. 239 Para a validade do processo é indispensável a citação do réu ou do executado, ressalvadas as hipóteses de indeferimento da petição inicial ou de improcedência liminar do pedido.

As ressalvas previstas na lei se justificam porque, se o processo foi encerrado de ofício por uma sentença terminativa (indeferimento da inicial) ou por sentença definitiva (improcedência liminar), não há razoabilidade em se citar o réu.

Também se torna desnecessária a citação quando o réu comparece espontaneamente, dado o princípio da *instrumentalidade das formas*, que determina a regularidade do ato que, embora praticado em desconformidade com o modelo legal, atingiu sua finalidade.

Se o réu arguir ausência ou irregularidade de citação como questão preliminar em sua contestação e ela *não* for acolhida, haverá automaticamente a continuidade do processo.

> Art. 239 (...)
> §1º O comparecimento espontâneo do réu supre, entretanto, a falta de citação.
> §2º Rejeitada a alegação de nulidade, tratando-se de processo de:
> I – conhecimento, o réu será considerado revel;
> II – (não se aplica às ações por improbidade).

A matéria, portanto, como se vê pelo art. 337, I, deve ser alegada como *questão preliminar* na contestação e diz respeito ao pressuposto processual objetivo consistente na falta ou nulidade de ato processual essencial.

Todavia, em sua contestação, não deve o réu se ater somente a essa questão preliminar, pois, se ela não for acolhida, ele será considerado revel e o processo de conhecimento condenatório-executivo terá prosseguimento normalmente, sem as suas razões (art. 239, §2º).

Dado o *princípio da eventualidade*, o réu deve expor, como já dito, quando contestar a ação, toda a matéria de defesa, pois, se não o fizer e sua arguição não for acolhida (falta ou nulidade de citação, sob estudo), a matéria ficará preclusa.

Portanto, a alegação de ausência ou irregularidade de citação feita de forma isolada somente deve ocorrer se foi esgotado o prazo da contestação; somente então o réu ficou sabendo da ação contra si proposta.

6.1.13 Questões preliminares quanto à regularidade de ato processual: valor da causa (Código de Processo Civil, art. 337, III)

O valor da causa deve ser calculado nos termos do art. 291 e seguintes do CPC.

Além da regra do inciso III do art. 337, ora estudado, a matéria já havia sido abordada pelo art. 293:

> Art. 293 O réu poderá impugnar, em preliminar da contestação, o valor atribuído à causa pelo autor, sob pena de preclusão (...).

A impugnação é feita na própria contestação, como questão preliminar. Note-se, porém, que o juiz poderá corrigir "de ofício e por arbitramento, o valor da causa quando verificar que não corresponde ao conteúdo patrimonial em discussão ou ao proveito econômico perseguido pelo autor, caso em que se procederá ao recolhimento das custas correspondentes" (art. 292, §3º).

Deferida a questão preliminar, o juiz deve determinar que o autor recolha a diferença das custas iniciais, mas a regra não se aplica ao Ministério Público.

Se o juiz indeferir a impugnação, dessa decisão cabe agravo de instrumento (matéria não prevista no art. 1.015).
A matéria foi estudada mais profundamente na seção 3.1.8 deste livro.

6.1.14 Questões preliminares referentes às condições da ação: legitimação para agir (Código de Processo Civil, art. 337, XI) – procedimento

A questão da legitimação para agir, sob seu aspecto doutrinário, foi estudada na seção 3.1.4.

Agora vamos examinar algumas regras procedimentais que o CPC estabelece quando o réu alega a sua própria ilegitimidade.

A regra é que, nesse caso, o réu deve indicar quem seria o sujeito passivo adequado para aquela ação, desde que tenha condições para tanto. Se *souber* e não fizer a indicação, diz o art. 339 do CPC que poderá arcar com as despesas processuais e indenizar o autor pela sua omissão – indenização que não se aplica às ações por improbidade, porque o Ministério Público nunca terá prejuízo decorrente dessa falta de informação.

Art. 339 Quando alegar sua ilegitimidade, incumbe ao réu indicar o sujeito passivo da relação jurídica discutida *sempre que tiver conhecimento*, sob pena de arcar com as despesas processuais e de indenizar o autor pelos prejuízos decorrentes da falta de indicação.

Feita a arguição (sempre em questão preliminar), o autor poderá aceitar ou não a indicação feita pelo réu.
Se aceitar, terá 15 dias para alterar a petição inicial.

Art. 338 Alegando o réu, na contestação, ser parte ilegítima ou não ser o responsável pelo prejuízo invocado, o juiz facultará ao autor, em 15 (quinze) dias, a alteração da petição inicial para substituição do réu.
Art. 339 (...)
§1º O autor, ao aceitar a indicação, procederá, no prazo de 15 (quinze) dias, à alteração da petição inicial para a substituição do réu, observando-se, ainda, o parágrafo único do art. 338.

Como consequência do próprio erro, o autor arcará com alguns ônus.

Art. 338 (...)
Parágrafo único. Realizada a substituição, o autor *reembolsará* as despesas e pagará os honorários ao procurador do réu excluído, que serão fixados entre três e cinco por cento do valor da causa ou, sendo este irrisório, nos termos do art. 85, §8º.

Esse reembolso será feito pela Fazenda Pública respectiva e, segundo o art. 181 do CPC, "O membro do Ministério Público será civil e regressivamente responsável quando agir com dolo ou fraude no exercício de suas funções".[133]

Porém, é possível que o autor *não aceite* a indicação do réu, cabendo ao juiz, então, decidir a questão preliminar.

Se entender que o réu tem razão, deve proferir sentença terminativa, encerrando o processo sem julgamento de mérito. Caso contrário, o processo prosseguirá em seus ulteriores trâmites.

Contudo, o autor pode entender que, em verdade, em vez de substituir o réu, o sujeito indicado por este deva ser, em verdade, seu litisconsorte passivo.

Art. 339 (...)
(...)
§2º No prazo de 15 (quinze) dias, o autor pode optar por alterar a petição inicial para incluir, como litisconsorte passivo, o sujeito indicado pelo réu.

O juiz deverá decidir sobre essa alegação do autor. Se entendê-la procedente, determinará a citação do *novo* réu.

---

[133] Chiovenda (op. cit., p. 40) já ensinava que "o processo deve dar, o quanto for praticamente possível a quem tem um direito, tudo aquilo e justamente aquilo que ele tem direito de conseguir". E acrescenta: "um princípio tão geral não está nem há necessidade de estar formulado em algum lugar. Não existe nenhuma norma que assegure uma ação ao credor insatisfeito por um dinheiro dado em empréstimo: as normas do Código Civil sobre mútuo dizem respeito às obrigações das partes, e não à ação (...). O processo, como organismo público de atuação da lei, é, por si mesmo, fonte de todas as ações praticamente possíveis, que tendem à atuação de uma vontade de lei". No Brasil, a doutrina indica o inciso XXXV do art. 5º da Constituição Federal ("a lei não excluirá da apreciação do Poder Judiciário lesão ou ameaça a direito") como sendo a fonte do direito de ação, pois, se toda lesão ou ameaça a direito pode ser submetida ao Judiciário e como este é inerte, vigorando entre nós o princípio da iniciativa da parte, a provocação do Poder Judiciário é feita mediante o exercício de um direito – justamente o direito de ação. No entanto, a ação declaratória – que não tem por fundamento a lesão ou ameaça a direito – é um direito conferido diretamente pelo Direito Processual (art. 19, CPC).

6.1.15 Questões preliminares referentes às condições da ação: interesse de agir (Código de Processo Civil, art. 337, XI)

6.1.15.1 Generalidades

Para que o autor tenha o direito de ação, além da legitimação para agir (ativa e passivamente), é preciso que ele tenha também interesse de agir. Sem a presença de uma dessas duas condições, o autor não tem o direito de ação – é carecedor da ação e o juiz, nessa circunstância, irá proferir uma sentença terminativa, isto é, encerrar o processo sem exame de mérito.

O interesse de agir se forma pela aglutinação de dois elementos: (i) a necessidade da jurisdição; (ii) a adequação do provimento jurisdicional demandado.

O autor terá *necessidade* de recorrer ao Poder Judiciário em duas situações distintas: (i) quando o meio extraprocessual de satisfação espontânea do Direito falhou (o devedor não pagou a dívida) ou (ii) quando o único meio de satisfação é a via processual.

O direito de aplicar as sanções administrativas previstas na LIA é dessa segunda espécie e, pois, ele se exerce mediante uma ação necessária.[134]

Dessa maneira, ao Ministério Público, em sua inicial, basta alegar a ocorrência de um ato de improbidade administrativa para demonstrar a necessidade da jurisdição.[135]

---

[134] Ver seção 2.1.

[135] Como já foi dito, se a ação não é necessária, o autor precisa alegar um fato que se insere na relação jurídica de que é titular e que consiste, quando se trata de ação condenatória--executiva, no descumprimento de uma obrigação de dar, fazer ou de não fazer. Quando se trata de ação para imposição de sanção, no fundo se alega que o réu descumpriu obrigação de fazer (conduta omissiva) ou de não fazer (conduta comissiva). Quando se tratar de ação declaratória, o autor precisa descrever uma situação de fato que revele a incerteza que paira a respeito da existência ou inexistência de uma relação jurídica ou sobre a autenticidade ou falsidade de um documento: é o que a doutrina chama incerteza objetiva – um paradoxo necessário para demonstrar que essa incerteza não pode ser meramente subjetiva, isto é, que esteja apenas na mente da pessoa (o Judiciário não existe para consultas sobre dúvidas que estão apenas na mente de alguém). É preciso que ela se instale, dado o comportamento de uma outra pessoa. Por fim, entre as ações de conhecimento, temos a constitutiva, na qual o autor deve descrever a existência de um direito que tem por núcleo a extinção, criação ou modificação de uma relação jurídica, extinção, criação ou modificação que a própria sentença de procedência produz. Para as ações cautelares (como a de indisponibilidade de bens) o autor precisa demonstrar a "fumaça do bom Direito" e o "perigo que a demora" em ser concluído o processo principal (ao qual ela se conecta) torne seu resultado inalcançável.

Porém, a necessidade da jurisdição não basta para estar presente o interesse de agir – o Direito Processual exige que o autor formule um pedido (imediato e mediato) que seja adequado para a satisfação do direito exposto em juízo.[136]

É preciso, em suma, que o autor peça a tutela jurisdicional *adequada* para a satisfação ou reparação do direito. Na ação por improbidade, haverá falta de interesse de agir adequação, por exemplo, se o caso configurar ato lesivo à administração pública, e não um ato de improbidade administrativa (matéria da Lei nº 12.846/13).

Nessa circunstância, cabe ao magistrado encerrar o processo por carência da ação – falta do interesse de agir sob a modalidade adequação –, porque o autor não pode movimentar inutilmente a máquina judiciária.

Não pode o juiz, em face do princípio da inércia da jurisdição e da iniciativa da parte, corrigir o pedido feito – seja imediato ou mediato – consoante norma expressa na LIA e no CPC:

> Art. 17-B (...)
> (...)
> §10-F Será nula a decisão de mérito total ou parcial da ação de improbidade administrativa que:
> I – Condenar o requerido por tipo diverso daquele definido na petição inicial; (LIA)

> Art. 492 É vedado ao juiz proferir decisão de natureza diversa da pedida, bem como condenar a parte em quantidade superior ou em objeto diverso do que lhe foi demandado. (CPC)

Portanto, o réu, quando for o caso, deve alegar a carência da ação por falta de interesse de interesse de agir sob o aspecto necessidade ou adequação, ou, ainda, de ambos, sempre em questão preliminar.

6.1.15.2 Perempção, litispendência, coisa julgada e continência – institutos que revelam a falta de interesse de agir (respectivamente, art. 337, IV, V e VI, salvo a continência, não prevista no art. 337)

Sob denominação técnica e específica, o CPC arrola quatro institutos: perempção, litispendência, coisa julgada e continência.

---

[136] Como o médico que, além de dizer que o paciente precisa de medicação, tem que prescrever o remédio adequado para debelar a doença.

Todos eles têm um denominador comum: a urgência em paralisar um dos processos pendentes porque o autor não tem interesse de agir, sob o aspecto necessidade, para a demanda em curso.

A perempção não se aplica às ações por improbidade.

A perempção é a perda do direito de ação por contumácia do autor. Uma das hipóteses resulta da teimosia do autor em ajuizar uma ação e abandonar a causa por três vezes (art. 486, CPC). A outra ocorre quando o autor não promove os atos e diligências que lhe incumbem e abandona a causa por mais de trinta dias (art. 485, III, CPC) – nesses casos, a lei entende que o autor não mais terá interesse de agir e, portanto, o direito de ação.

Contudo, o instituto *não* se aplica às ações por ato de improbidade administrativa, pois a conduta desidiosa do membro do Ministério Público não pode ter por consequência a perda do direito de punir do Estado ou a impossibilidade de recuperar os danos ao erário ou de fazer o agente devolver aquilo que obteve ilicitamente. Ocorrendo a hipótese que poderia resultar em perempção, cabe ao magistrado oficiar ao Procurador-Geral de Justiça ou ao Procurador-Geral da República para as medidas cabíveis.

6.1.15.2.1 Litispendência e coisa julgada

A ação somente pode ser objeto de julgamento de *mérito* uma única vez.

Caso o processo se encerre por sentença terminativa, uma vez verificada a condição da ação faltante, corrigida ou suprida a irregularidade referente aos pressupostos processuais, a ação pode ser novamente proposta e ser julgada pelo mérito.

Essa regra impede que duas ações idênticas[137] tramitem simultaneamente ou, então, que a ação já julgada definitivamente venha a ser novamente ajuizada (coisa julgada). No primeiro caso, ocorre a litispendência e, no segundo, a coisa julgada.

Art. 337 (...)
(...)
§3º Há litispendência quando se repete ação que está em curso.

---

[137] Segundo o §2º do art. 337, "Uma ação é idêntica a outra quando possui as mesmas partes, a mesma causa de pedir e o mesmo pedido".

Art. 502 Denomina-se coisa julgada material a autoridade que torna imutável e indiscutível a decisão de mérito não mais sujeita a recurso.

Alegada a litispendência, em preliminar, cabe ao juiz verificar se há ação idêntica tramitando e identificar em qual delas ocorreu a citação em primeiro lugar, pois *é esse ato que determina a litispendência*:

Art. 240 A citação válida, ainda quando ordenada por juízo incompetente, induz litispendência (...) (CPC)[138]

Se na ação "A", ajuizada em primeiro lugar, ainda não ocorreu a citação, mas se na ação "B", ajuizada posteriormente, a citação já foi feita, nesta ainda não pode o réu alegar litispendência. Essa alegação somente será possível quando ele for citado para a ação "A", e a questão preliminar será levantada na ação "B".

Todavia, se a citação para a demanda "A" ocorrer depois de ofertada a contestação na ação "B", deverá o réu fazer essa alegação em petição separada.

Portanto, deverá prosseguir a demanda em que houver a primeira citação.

Verificada a litispendência, o magistrado deve encerrar a ação em que houve a citação em segundo lugar porque para esta demanda o autor não tem necessidade da jurisdição – falta-lhe, pois, o interesse de agir.

Chama-se coisa julgada uma qualidade especial da sentença definitiva que consiste na sua imutabilidade, o que ocorre quando dela não mais cabe recurso nenhum.[139]

Art. 502 Denomina-se coisa julgada material a autoridade que torna imutável e indiscutível a decisão de mérito não mais sujeita a recurso.

Como adiantado acima, uma vez transitada em julgado, essa ação não mais poderá ser objeto de apreciação judicial e, caso venha a

---

[138] O art. 312 diz que os efeitos previstos no art. 240 somente ocorrem quando houver a citação válida. No tocante à prescrição, porém, a LIA tem norma especial: a prescrição geral (de oito anos) se interrompe com o mero ajuizamento da inicial, tendo, então, início o prazo da prescrição intercorrente (de quatro anos) (art. 23, §4º e 8º).

[139] A Ciência Processual deve ao gênio de Enrico Tullio Liebman a formulação correta do instituto da coisa julgada, que consiste na sua imutabilidade, como escreveu na obra *Efficacia ed autorità della sentenza* (Milão: Giuffrè, 1962). Também: DAL POZZO, Antonio Araldo Ferraz. *Teoria Geral de Direito Processual Civil*. Belo Horizonte: Fórum, 2013. p. 548 e s.

ser reproposta, cabe ao réu alegar, em preliminar de sua contestação, a coisa julgada.

Se for procedente a alegação de coisa julgada, o processo será encerrado com decisão terminativa porque falta ao autor a necessidade de uma segunda tutela jurisdicional sobre a mesma ação, já encerrada: ele não tem interesse de agir.[140]

6.1.16 Questões relativas ao pedido e à causa de pedir – inépcia da inicial (art. 337, IV)

A matéria já foi examinada na seção 5.1.3.

6.1.17 Matérias que o juiz pode conhecer de ofício, mesmo não alegadas em contestação

O processo encerra em si – não importa se a discussão diz respeito a Direito privado ou público – um *interesse público*: ele é o método pacífico instituído pelo Estado, para a solução dos conflitos de interesses que ocorrem na sociedade, disciplinado pelo ordenamento jurídico e cuja manutenção e obediência a todos interessa, direta ou indiretamente.

Além disso, o processo contém uma relação jurídica que é disciplinada por um dos ramos do Direito público, que é o Direito Processual, pois dela participa o representante do Poder Judiciário.

Portanto, esse método deve se desenvolver dentro da legalidade, cabendo ao juiz fiscalizar e atuar em favor de sua preservação.[141]

Por essa razão, tudo aquilo que atinge o poder jurisdicional, a relação jurídica processual ou o próprio direito de ação pode ser examinado de ofício pelo magistrado.

Art. 48 (...)
(...)
§3º O juiz conhecerá de ofício da matéria constante dos incisos IV, V, VI e IX, em qualquer tempo e grau de jurisdição, enquanto não ocorrer o trânsito em julgado.

---

[140] Ainda no CPC: "Art. 337 (...) §1º Verifica-se a litispendência ou a coisa julgada quando se reproduz ação anteriormente ajuizada; §2º Uma ação é idêntica a outra quando possui as mesmas partes, a mesma causa de pedir e o mesmo pedido; §3º Há litispendência quando se repete ação que está em curso; §4º Há coisa julgada quando se repete ação que já foi decidida por decisão transitada em julgado".

[141] Ainda deve ser observado o princípio da lealdade das partes, isto é, os que se digladiam em juízo devem usar somente as armas permitidas pelas regras do jogo.

Tais incisos estão na cabeça do art. 485 e o juiz, acolhendo essas matérias, deverá encerrar o processo sem julgamento de mérito (sentença terminativa):

> Art. 485. O juiz não resolverá o mérito quando:
> (...)
> IV – verificar a ausência de pressupostos de constituição e de desenvolvimento válido e regular do processo;
> V – reconhecer a existência de perempção, de litispendência ou de coisa julgada;
> VI – verificar ausência de legitimidade ou de interesse processual;
> IX – em caso de morte da parte, a ação for considerada intransmissível por disposição legal;

O inciso IV diz respeito aos pressupostos processuais; o V e IX, às condições da ação (casos singulares) e o VI, à ausência das duas condições da ação (casos genéricos).

6.1.18 Contestação e questões de mérito

6.1.18.1 O mérito da causa – defesa direta e indireta de mérito

Após as alegações referentes às questões prejudiciais e preliminares – ou sem elas –, cabe ao réu enfrentar o *mérito da causa*.

O mérito é determinado por exclusão – tudo aquilo que não se encaixar em uma questão prejudicial ou em uma questão preliminar é questão de mérito.

Em sua petição inicial, coube ao autor expor a *causa de pedir e o pedido*, e esses elementos da ação, em síntese, formam o *núcleo* da questão de mérito do processo.

Na ação por ato de improbidade administrativa, o réu pode deduzir o que a doutrina denomina defesa direta de mérito ou, então, uma defesa indireta de mérito.

Na defesa direta de mérito, o réu ou nega a existência do fato gerador do direito deduzido em juízo pelo autor (fatos constitutivos), ou, sem negá-lo, nega as suas consequências jurídicas.

Ao deduzir uma defesa indireta de mérito, o réu não nega os fatos constitutivos do direito do autor nem suas consequências jurídicas, mas aduz um fato extintivo, modificativo ou impeditivo do direito do autor.

Segundo Liebman, "fatos constitutivos são aqueles que produzem o nascimento de um efeito jurídico".[142]

Esse efeito jurídico é uma relação jurídica que se estabelece entre duas (ou mais) pessoas, dentro da qual se situam o direito do sujeito ativo e a obrigação do sujeito passivo.

Por exemplo: quando o agente político ou público pratica dolosamente um ato de improbidade típico, previsto na LIA, ele dá nascimento a um efeito jurídico que se situa em uma relação jurídica entre ele e o Estado: esse ato ímprobo é o fato constitutivo do direito de punir do autor (do Estado, substituído pelo Ministério Público): em sua defesa direta de mérito, o réu poderá negar que praticou o ato de improbidade administrativa.

Porém, pode o réu também negar as consequências jurídicas do ato, em defesa direta de mérito, alegando, por exemplo, que seu comportamento (que não nega) não causou danos ao erário.

Como o próprio nome indica, fato extintivo é aquele que extingue o direito do autor; modificativo é aquele que o modifica e impeditivo é o fato que impede que o fato constitutivo do autor produza seus efeitos normais.[143]

Nas ações por improbidade, pode ocorrer de o réu alegar, por exemplo, que realizou completamente o contrato que o Ministério Público entendeu não ter sido cumprido (fato extintivo); ou que o contrato sofreu modificações, devidamente cumpridas (fato modificativo); ou que, no caso, não estava presente o dever de publicidade (fato impeditivo).

6.1.18.2 As defesas do réu e o ônus da prova

Ônus é um encargo que a parte deve suportar para evitar um efeito negativo – o ônus da prova é o encargo de produzi-las, sob pena de o juiz não reconhecer o fato alegado: como já dito, *allegare nihil et allegatum non probare paria sunt*.

No sistema do CPC, que se aplica às ações por improbidade, ao autor cabe o ônus de provar os fatos constitutivos de seu direito e, ao réu, o ônus de provar os fatos impeditivos, modificativos ou extintivos do direito do autor.

---

[142] Op. cit., p. 154.
[143] Op. cit., p. 154.

Art. 373 O ônus da prova incumbe:
I – ao autor, quanto ao fato constitutivo de seu direito;
II – ao réu, quanto à existência de fato impeditivo, modificativo ou extintivo do direito do autor.

Todavia, o sistema adotado pelo CPC e por algumas leis (como o Código do Consumidor, por exemplo) permite a chamada *inversão do ônus da prova*.

Art. 373 (...)
§1º Nos casos previstos em lei ou diante de peculiaridades da causa relacionadas à impossibilidade ou à excessiva dificuldade de cumprir o encargo nos termos do caput ou à maior facilidade de obtenção da prova do fato contrário, poderá o juiz atribuir o ônus da prova de modo diverso, desde que o faça por decisão fundamentada, caso em que deverá dar à parte a oportunidade de se desincumbir do ônus que lhe foi atribuído.
§2º A decisão prevista no §1º deste artigo não pode gerar situação em que a desincumbência do encargo pela parte seja impossível ou excessivamente difícil.

Todavia, essa inversão *não poderá ocorrer nas ações por improbidade*, segundo a LIA:

Art. 17 (...)
(...)
§19 Não se aplicam na ação de improbidade administrativa:
(...)
II – a imposição de ônus da prova ao réu, na forma dos §§1º e 2º do art. 373 da Lei nº 13.105, de 16 de março de 2015; (CPC)

Em todo caso, não convém ao réu ficar em uma atitude passiva, mas deve oferecer as provas com as quais irá comprovar suas afirmações – sejam prejudiciais, preliminares ou de mérito.

6.1.18.3 O direito de defesa e o princípio da eventualidade

O princípio da eventualidade – também chamado princípio da concentração – significa que o réu tem o ônus de formular sua defesa de maneira completa e cabal, pois tudo quanto não alegar, em princípio, fica coberto pela *preclusão consumativa*.[144]

---

[144] A doutrina costuma reconhecer quatro espécies de preclusão: (i) preclusão temporal é a extinção da faculdade de praticar um ato pelo decurso do prazo respectivo; (ii) preclusão

Art. 341. Incumbe também ao réu manifestar-se precisamente sobre as alegações de fato constantes da petição inicial (...) (CPC)

A regra, porém, não é absoluta:

Art. 342 Depois da contestação, só é lícito ao réu deduzir novas alegações quando:
I – relativas a direito ou a fato superveniente;
II – competir ao juiz conhecer delas de ofício;
III – por expressa autorização legal, puderem ser formuladas em qualquer tempo e grau de jurisdição.

Direito ou fato superveniente são aqueles que nasceram após a apresentação da contestação – não pode ser confundido com "fato ou direito esquecido" ou "desconhecido".

A grande maioria das normas processuais é de Direito público, porque positivadas tendo em vista o interesse público, que se sobrepõe aos interesses das partes.

As questões por elas disciplinadas podem ser alegadas pelas partes (e não somente pelo réu) ou conhecidas de ofício pelo juiz – a elas é que se referem os incisos II e III, acima.

São situações jurídicas que se se colocam acima dos particulares das partes. Elas constam ainda do art. 485, como visto acima.

6.1.18.4 Falta de impugnação especificada dos fatos narrados da inicial; presunção de verdade; inaplicabilidade às ações de improbidade

Todo fato contestado torna-se controverso, e essa contrariedade dá origem a uma *questão de fato*.[145]

Como regra, os fatos não impugnados são presumidos verdadeiros, com exceções, como consta do art. 341 do CPC.

Todavia, considerando que a ação por improbidade diz respeito ao *jus puniendi* do Estado, para que suas sanções possam ser impostas ao

---

lógica: incompatibilidade da prática de um ato devido a outro, praticado anteriormente (desistência do recurso e impetração do recurso): (iii) preclusão consumativa: a que decorre da prática do ato; (iv) preclusão *pro iudicato*: aquela que alcança certas questões como se já fossem julgadas. É o que dispõe o art. 508: "Transitada em julgado a decisão de mérito, considerar-se-ão deduzidas e repelidas todas as alegações e as defesas que a parte poderia opor tanto ao acolhimento quanto à rejeição do pedido".

[145] Recorde-se que o ponto de direito contestado dá origem a uma questão de direito.

réu é necessária uma prova cabal da ocorrência do ilícito e sua autoria, alegada na inicial. A ação não é necessária apenas formalmente, mas substancialmente.

Portanto, a regra não se aplica às ações por ato de improbidade administrativa (como também não se aplica às ações penais, pelos mesmos motivos), sendo que a LIA, para evitar dúvidas, foi expressa, a respeito:

> Art. 17 (…)
> (…)
> §19 Não se aplicam na ação de improbidade administrativa:
> I – a presunção de veracidade dos fatos alegados pelo autor em caso de revelia;

Ora, se em caso de revelia a presunção não ocorre, muito menos poderá ocorrer quando o réu contestar a ação, mas não contestar um ou alguns dos fatos alegados pelo Ministério Público – eles continuam dependendo de prova ser produzida pelo autor da ação.

6.1.18.5 Questões preliminares e a sentença terminativa – recurso em caso de não acolhimento

A doutrina denomina sentença terminativa aquela que acolhe uma questão prejudicial ou uma questão preliminar (referidas no art. 485, acima visto); ela encerra o processo sem julgamento de mérito.

Caso as questões prejudiciais ou preliminares não sejam acolhidas, o réu pode ingressar com o recurso de agravo de instrumento.

> Art. 17-C (…).
> (…)
> §21 Das decisões interlocutórias caberá agravo de instrumento, inclusive da decisão que rejeitar questões preliminares suscitadas pelo réu em sua contestação.

6.2 Da reconvenção[146]

6.2.1 Da reconvenção em ação por improbidade administrativa

A reconvenção é uma ação do réu contra o autor, no mesmo processo em que este promove sua ação contra aquele mesmo réu.

---

[146] Ver DAL POZZO (op. cit., p. 723).

Ora, como visto linhas atrás, na ação por ato de improbidade administrativa o Ministério Público é substituto processual do Estado, sendo que, em caso de legitimação extraordinária, parte é o substituto (Ministério Público), e não o substituído (Estado).

Destarte, o réu nunca teria como promover reconvenção em face do Ministério Público, não fora a regra do §5º do art. 343 do CPC.

> Art. 343 (...).
>
> (...)
>
> §5º Se o autor for substituto processual, o reconvinte deverá afirmar ser titular de direito em face *do substituído*, e a reconvenção deverá ser proposta em face do autor, também na qualidade de substituto processual.

Portanto, na ação por ato de improbidade administrativa, é cabível a reconvenção.

6.2.2 Condições específicas da ação reconvencional

Além das condições genéricas de todas as ações, a ação reconvencional deve apresentar duas outras – ela deve ser conexa com a ação principal ou com o fundamento da defesa.

> Art. 343 Na contestação, é lícito ao réu propor reconvenção para manifestar pretensão própria, conexa com a ação principal ou com o fundamento da defesa.

Trata-se de uma reação do réu citado que, pela contestação, se defende e, pela ação reconvencional, contra-ataca. No entanto, o contra-ataque deve postular um objeto que não se contenha em sua contestação, pois, se esse objeto estiver compreendido na contestação, faltará ao réu interesse de agir, necessidade para reconvir (a reconvenção é uma ação).

Ademais, indispensável a conexão da ação reconvencional (pela causa de pedir ou pelo pedido) com a *ação principal* ou com o *fundamento da defesa*, como consta do citado art. 343.

Exemplo de reconvenção: o Ministério Público pleiteia a condenação do réu ao pagamento de cem mil reais por danos que teria causado ao erário. Todavia, o réu pode reconvir para cobrar, pela reconvenção, trinta mil reais dos cento e trinta que lhe deve o ente público, por força de outro contrato devidamente realizado. Quanto aos cem mil, o réu alegará compensação, mas na sua contestação.

Note-se que a reconvenção somente foi possível porque o crédito do réu superava seu débito – se fosse menor ou igual, faltar-lhe-ia interesse de agir para a ação de reconvenção, pois tudo quanto nesta pretendesse poderia ser obtido com a sua contestação. Por essa razão é que a norma do art. 343 fala em "pretensão própria" – ou seja, pretensão que se estende para além do que podia obter com a sua contestação.

No exemplo examinado, a ação reconvencional tem conexão com a defesa apresentada, porque tanto o montante alegado em contestação (compensação) quanto o alegado em reconvenção (excedente) têm a mesma origem, o mesmo fato gerador – o contrato cumprido e não pago.

Embora o CPC permita, no §6º do art. 343, o oferecimento de reconvenção sem a propositura da contestação, essa hipótese praticamente não se apresentará nas ações por improbidade porque, nesse caso, a reconvenção teria que ser conexa com a ação principal (art. 343, *caput*), e o réu nunca terá uma *pretensão própria* que seja conexa com a causa de pedir ou com o pedido feito na inicial pelo Ministério Público.

6.2.3 Procedimento da ação de reconvenção – visão geral

Na ação reconvencional, o réu reconvinte exercerá seu direito de ação de acordo com a disciplina jurídica do CPC e, à sua inicial, se aplicam os conceitos vistos para a petição inicial do Ministério Público.

Proposta a reconvenção, o Ministério Público será intimado para apresentar resposta em quinze dias (art. 343, §1º, do CPC), que será contado em dobro (art. 180 do CPC).

Na ação reconvencional, o réu (que a promove) chama-se *réu reconvinte* e o autor (réu da reconvenção), *autor reconvindo*. Como o autor reconvindo é a parte passiva da relação jurídica processual de reconvenção, ele deve ser *citado* (e não meramente intimado, como diz o §1º, acima) e poderá contestar a ação reconvencional. O código não pode retirar da reconvenção seu caráter de ação autônoma do réu contra o autor.

Questão assaz interessante resulta da análise de um dos aspectos do art. 343: a reconvenção deve ser feita na mesma peça processual em que se deduz a contestação ou em petição separada?

A interpretação literal do art. 343 parece indicar que o réu deve propor a reconvenção "na contestação", ou seja, nessa peça processual.

Todavia, entendemos que a norma, ao dizer "Na contestação é lícito ao réu propor reconvenção", quis dizer *"no prazo* da contestação".

Realmente, embaralhar na mesma peça processual a contestação e a reconvenção apenas tumultua o andamento do processo, torna mais complexa a questão de fato, exigirá, eventualmente, provas diferentes daquelas que devem ser produzidas no processo principal e em nada concorre para sua celeridade.

Aliás, esse era o sistema adotado pelo código anterior, na vigência do qual ninguém jamais contestou a natureza de ação da reconvenção e, pois, deduzível em peça processual própria. De outro lado, não há como formular um pedido de tutela jurisdicional (pedido imediato) e de um bem jurídico (pedido mediato) sem o ajuizamento de uma ação.

Resta observar que, segundo o §2º do art. 343, "a desistência da ação ou a ocorrência de causa extintiva que impeça o exame de seu mérito não obsta ao prosseguimento do processo quanto à reconvenção".

Apenas a primeira parte da norma não tem aplicação em casos de ação por improbidade porque o Ministério Público não tem poderes para desistir da ação; eis que o direito posto em juízo é do ente substituído (do Estado).

O mesmo se diga quanto ao trecho final do §3º, que admite a reconvenção contra o autor e *terceiro* – que jamais poderá ser litisconsorte ativo do Ministério Público.

Todavia, o §4º do art. 343 tem aplicação nas ações de improbidade, isto é, o réu reconvinte poderá se litisconsorciar com terceiro para que, com ele, ajuíze a reconvenção: suponha-se, no exemplo dado, que o crédito do réu seja muito maior, mas devido pelo ente público em razão de contrato em que ele havia se consorciado com outra empresa.

CAPÍTULO 7

ENCERRAMENTO DA FASE POSTULATÓRIA

7.1 Réplica do Ministério Público

Conquanto não o diga diretamente, a LIA confere ao Ministério Público a possibilidade de apresentar uma réplica – uma resposta aos argumentos e fatos apresentados pelo réu em sua contestação.

Se houve ajuizamento de reconvenção, a ela o Ministério Público deve oferecer contestação (e não réplica), mesmo que a ação reconvencional venha ajuizada no seio da contestação.

Trata-se da última etapa da fase postulatória, e a réplica ofertada deixará explícitas as questões de fato e de direito controvertidas, cabendo ao juiz apreciá-la em conjunto com a inicial e a contestação

Neste momento processual, pode o juiz proferir julgamento conforme o estado do processo (a chamada fase decisória antecipada), nos termos do arts. 354 e 356 do CPC.

Não encerrando o processo:

Art. 17 – B (...).
(...)
§10-C Após a réplica do Ministério Público, o juiz proferirá decisão na qual indicará com precisão a tipificação do ato de improbidade administrativa imputável ao réu, sendo-lhe vedado modificar o fato principal e a capitulação legal apresentada pelo autor.

Trata-se de providências que integram a fase saneadora do processo, devendo o juiz observar também o disposto no art. 357 do CPC.

7.2 Recapitulando as fases do procedimento comum

Como visto, o CPC modela a ação de conhecimento-executiva com duas fases distintas dentro da mesma e única ação: a fase de conhecimento e a fase de execução de sentença.

A fase cognitiva do processo comum apresenta várias *subfases*, que, por comodidade didática, chamaremos de *fases do procedimento comum*, a saber:
- Fase postulatória;
- Fase decisória antecipada;
- Fase saneadora;
- Fase instrutória;
- Fase decisória final.

Vimos a fase postulatória e poucos aspectos da fase de decisão antecipada e da fase do saneamento.

Caso necessário, o processo ingressará na fase instrutória, disciplinada basicamente pelo CPC para alcançar, finalmente, a fase final da etapa de conhecimento da ação por ato de improbidade administrativa, com a prolação da sentença (fase decisória final), que pode ser terminativa (sem exame de mérito) ou definitiva (com exame de mérito). Examinando o mérito da causa, a decisão pode ser de procedência (parcial ou total) e de improcedência.

Depois, o processo poderá ingressar na fase recursal.

Não cabendo mais recurso contra a decisão condenatória, o processo ingressará na sua última etapa – o cumprimento da sentença, com regras da LIA e do CPC.

REFERENCIAS

CALAMANDREI, Piero. *Opere Giuridiche*. Nápoles: Morano, 1970. v. IV.

CALMES-BRUNET, Sylvia. Quelle consécration du principe de sécurité juridique in Droit Administratif Français. *In*: VALIM, Rafael; OLIVEIRA, José Roberto Pimenta; DAL POZZO, Augusto Neves (Coord.). *Tratado sobre o princípio da segurança jurídica no Direito Administrativo*. Belo Horizonte: Fórum, 2013. p. 95-116.

CHIOVENDA, Giuseppe. *Istituzioni di Diritto Processuale Civile*. Nápoles: Jovene, 1960.

DAL POZZO, Antonio Araldo Ferraz. *Teoria Geral de Direito Processual Civil*. Belo Horizonte: Fórum, 2013.

DAL POZZO, Antonio Araldo Ferraz. *Teoria Geral do Novo Processo Civil Brasileiro*. São Paulo: Contracorrente, 2016.

DAL POZZO, Antonio Araldo Ferraz; DAL POZZO, Augusto Neves. *Ensaio sobre o conteúdo jurídico da confiança legítima e sua incidência no setor da infraestrutura*. São Paulo: Contracorrente, 2019.

DAL POZZO, Antonio Araldo Ferraz; DAL POZZO, Augusto Neves; DAL POZZO, Beatriz Neves; FACCHINATO, Renan Marcondes. *Lei Anticorrupção*. 3. ed. São Paulo: Contracorrente, 2019.

LIEBMAN, Enrico Tullio. *Manuale di Diritto Processuale Civile*. 7. ed. Milão: Giuffrè, 1980.

OSÓRIO, Fábio Medina. *Direito Administrativo Sancionador*. 7. ed. São Paulo: Revista dos Tribunais, 2020.

Esta obra foi composta em fonte Palatino Linotype, corpo 10 e impressa em papel Pólen Bold 70g (miolo) e Supremo 250g (capa) pela Paulinelli Serviços Gráficos.